Découvertes

Série : Camarades de différentes religions

Livre 2 Manuel d'enseignement religieux au niveau élémentaire

BREAKWATER

100, rue Water
C. P. 2188
St. John's, Terre-Neuve-et-Labrador
A1C 6E6

Directrice de rédaction : Catherine Hicks (Maggs), Melissa Nance

Auteur : Dr Michael Newton

Consultation pédagogique : Dr Wynanne Downer, Dr Ed Jones

Illustrations : Antonia McGuane

Traduction : Dr Anne Thareau et Dr Scott Jamieson
Adaptation et révision : Programmes de langues, Ministère de l'Éducation

Breakwater Books Ltd remercie le groupe de travail sur l'enseignement religieux au niveau élémentaire du ministère de l'Éducation pour sa contribution à ce projet.

Tous les textes de la Bible sont extraits de la Bible en français courant, Société biblique canadienne, 1997.

Breakwater Books Ltd. aimerait reconnaître l'aide de nos conseillers des différents systèmes de croyances: Rev. Christopher Snow, Mr. Pritam Cheema, Mrs. Sobhana Venkatesan, Rev. Ahangama Rathanasiri.

Données de catalogage avant publication (Canada)
Camarades de différentes religions

Newton, Michael, 1944-
Découvertes / Michael Newton.

Pour les élèves de cinquième année.
ISBN 1-55081-186-X

1. Religions - Littérature jeunesse. I. Titre.
BL92.N48314 2002 291 C2002-905588-1

Canada

Nous remercions le Gouvernement du Canada pour son soutien par le biais du Programme d'aide au développement de l'industrie de l'édition (PADIÉ), et le Programme des langues officielles en éducation (PLOÉ).

Imprimé au Canada.

Découvertes

Table des matières

Avertissement

Dans ce manuel, le masculin est utilisé comme représentant des deux sexes, sans discrimination à l'égard des hommes et des femmes et dans le seul but d'alléger le texte.

Océan Arctique

Groenland

Islande

États-Unis

Canada

St. Anthony
Corner Brook
St. John's

Surrey, C.-B.

Amérique du Nord

États-Unis

Océan Atlantique

Mexique

Afriqu

Riobamba

Équateur

Amérique du Sud

Océan Pacifique

Cordillère des Andes

Le monde

Océan Arctique

Europe

Asie

Chine

Israël
Nazareth
Jérusalem
Bethléem
Égypte
La Mecque
Pendjab
Tibet
Inde
Gujarat
Bengale
Puri
Chennai
Tamilnadu
Pakistan

Océan Pacifique

Océan Indien

Australie

■ Amérique du Nord		■ Afrique	
■ Amérique du Sud		■ Asie	
■ Europe		■ Australie	

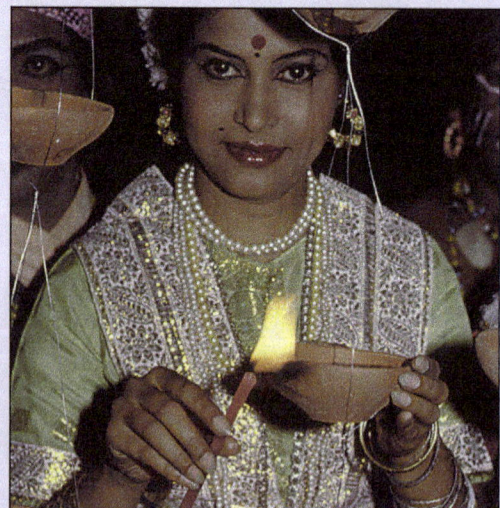

Le retour à la maison

Première partie

Jésus, l'homme qui s'occupe des autres

En bref

Jean se demande : Qu'est-ce que ça veut dire « être chrétien » ?

La mini-fourgonnette a monté une colline de plus et a pris un virage. Les Aucoin ont aperçu la vue familière du port de St. John's. Jean adorait cette vue de l'entrée du port. L'arrivée et le départ des bateaux donnaient au port un air différent à chaque fois qu'il le voyait.

Quelques instants plus tard, les Aucoin sont arrivés à la maison. La lumière de fin d'après-midi créait une ambiance calme dans la ville.

Peut-être que tout le monde est encore en congé pour la fête du Travail, a pensé Jean.

Il aimait beaucoup camper avec sa famille mais il était très heureux de rentrer à la maison. Il avait hâte de revoir ses amis et de savoir ce qu'ils avaient fait pendant qu'il était parti.

« Eh bien ! a dit M. Aucoin, voilà la dernière sortie en camping de l'été. Nous recommençons l'école la semaine prochaine. »

Le port de St. John's

Pour le moment, Jean ne voulait pas penser à l'école. Il s'est dirigé vers l'entrée et espérait trouver un de ses amis à la maison.

« Une petite minute, jeune homme, lui a dit son père. J'ai besoin de toi pour m'aider à rentrer le matériel de camping. »

Jean voulait bien aider. Comme ses amis, Kirpal qui était sikh et Deepak dont la famille était hindoue, Jean avait appris à aider les autres à travers son enseignement religieux. Cet enseignement avait fait partie de son éducation dans une famille chrétienne. Il a pris un sac de couchage et a attrapé une poignée de la glacière tandis que son père tenait l'autre. C'était lourd ! En rentrant le matériel à la maison,

Jean s'est souvenu de quelque chose que son père avait dit au sujet du christianisme.

« Est-ce que c'est ça le service que je suis supposé rendre aux autres, en tant que chrétien ? » a-t-il demandé.

M. Aucoin a souri. « Je crois que c'est plus que ça ! » a-t-il répondu.

« À part aller à l'église et tout ça, qu'est-ce que ça veut dire être chrétien ? » a demandé Jean.

« Il y a différentes façons de vivre en chrétien », a répondu son père.

« Alors qu'est-ce que ça veut dire pour notre famille ? » a insisté Jean.

M. Aucoin a réfléchi pendant quelques instants puis il a dit : « En tant que famille chrétienne, nous appartenons à une communauté de gens qui se

réunissent régulièrement à l'église au nom du Christ, comme tu l'as dit.

« Mais nous faisons plus que ça. Nous croyons qu'un chrétien est celui qui sert les autres en suivant l'exemple de Jésus-Christ. Jésus a été appelé "l'homme qui s'occupe des autres". Il a pris soin des malades, il a nourri les pauvres et ceux qui avaient faim. Il a même accepté de donner sa vie pour les autres. En tant que chrétiens, nous faisons des sacrifices pour que les autres vivent mieux. »

« Mais quelles sortes de sacrifices faisons-nous ? » a demandé Jean.

« Eh bien, regarde ta mère par exemple, a répondu M. Aucoin. Elle travaille pour l'église et la communauté en tant que bénévole. Elle aime faire ça, mais il y a beaucoup d'autres choses qu'elle pourrait faire avec son temps. Pourtant, elle pense que ce travail est suffisamment important pour faire ce sacrifice. »

« Et toi, es-tu chrétien quand tu donnes de ton temps aux prisonniers ? » a demandé Jean.

Le Christ guérit l'aveugle, 1650, Nicolas Poussin

➡ **Comment l'artiste montre-t-il que Jésus est un « homme qui s'occupe des autres » ?**

« Je l'espère. Quelquefois, ta mère et moi avons l'impression que nous ne faisons pas assez pour les autres. Il y a d'autres chrétiens qui font des sacrifices beaucoup plus importants, a-t-il ajouté. Mon ami Bernard est un bon exemple de quelqu'un qui essaie de vivre comme Jésus nous l'a enseigné. Comme tu le sais, c'est un scientifique qui est spécialiste en environnement. Il pourrait gagner beaucoup d'argent mais ce n'est pas le cas. Il n'a ni voiture ni maison. Il travaille partout où l'église l'envoie. Bernard travaille maintenant avec les gens en Équateur. Il utilise ses connaissances pour aider les pauvres. Il leur offre des outils et des idées pour améliorer leur condition de vie. Il pense que c'est sa mission en tant que chrétien. »

Pendant qu'ils parlaient, Jean et son père ont fini de décharger la voiture. « Bon, tu peux aller voir tes amis maintenant, a dit M. Aucoin. Mais ne tarde pas. Bernard est en vacances ici et il vient manger avec nous. Tu pourras peut-être lui poser des questions au sujet de son dernier projet. Je crois que tu trouveras ça très intéressant. »

Plus tard ce soir-là, tout le monde s'est réuni autour du barbecue sur la terrasse des Aucoin. Bernard est venu vers Jean. C'était un grand homme mince à la peau très bronzée.

« Ton père m'a dit que tu voulais savoir ce que je faisais en Amérique du Sud », a dit Bernard avec un sourire énigmatique.

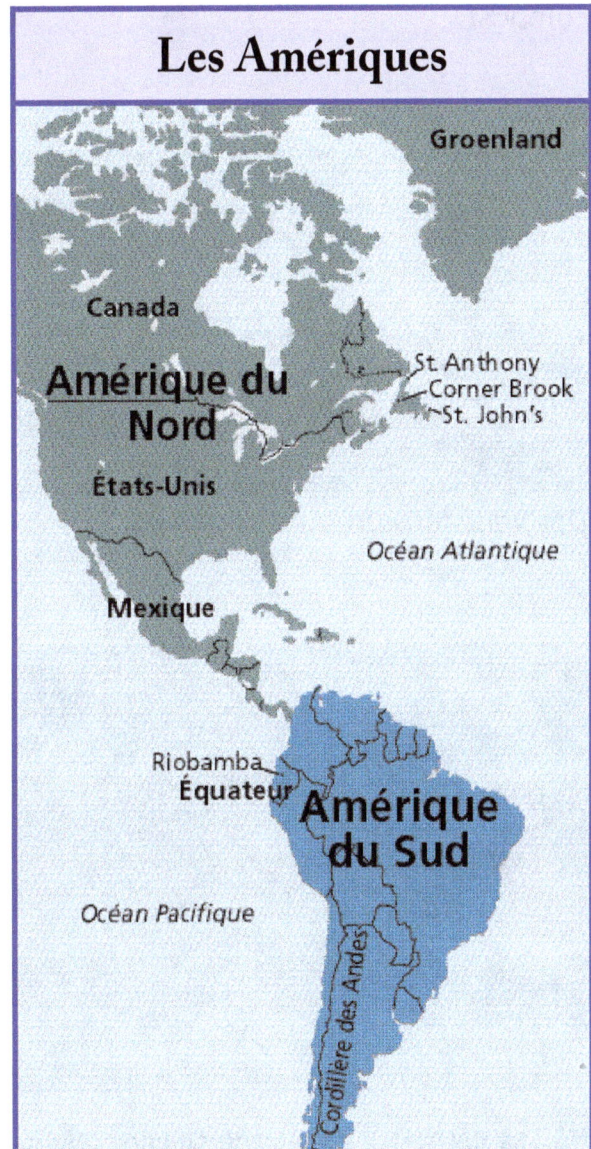

Les Amériques

À ton avis, en quoi la vie en Équateur est-elle différente de la vie à St. John's ? Cite des choses que Bernard a faites à Riobamba qui expriment sa foi.

Le vermicompostage

L'utilisation des vers pour fabriquer du compost

Des vers dans un tas de compost

Les déchets d'un marché comme celui-ci sont ramassés et utilisés dans une usine de compost. Quels sont les effets positifs d'un projet de ce genre ? Penses-tu que ce projet apportera quelque chose à Bernard ?

Jean a avalé la dernière bouchée de son hamburger et a fait oui de la tête.

« Tu as fini ton hamburger et c'est une bonne chose », a continué Bernard.

« Pourquoi ? » a demandé Jean.

« Parce que ce que je vais te dire va peut-être te couper l'appétit. Je travaille sur un projet de vermicompostage avec des vers de terre. »

« Des vers vivants ? »

« Oui, notre église a un projet en Équateur, à Riobamba. Je travaille avec des pauvres. Avec des dons de familles comme la tienne, nous avons commencé un projet de compost. Nous récupérons tous les déchets de fruits et légumes des marchés de la ville et nous nourrissons les vers qui vivent dans des grands bacs. Les vers mangent les résidus et laisse un compost noir qui est distribué aux fermiers de la région. Ils l'utilisent dans leurs champs pour faire pousser les récoltes. »

« Pourquoi est-ce que notre église donne de l'argent pour ce projet ? » a demandé Jean. Utiliser des vers pour faire du compost n'avait rien à voir avec le christianisme selon lui.

« En fait, a répondu Bernard, les chrétiens, comme les gens de beaucoup d'autres religions, croient qu'ils sont appelés pour servir les pauvres. Le groupe pour lequel je travaille au sein de l'église a répondu à l'appel de Dieu pour la justice et la compassion pour les pauvres.

« Le projet de vermicompostage, a continué Bernard, permet aux Équatoriens de retrouver leur fierté. Grâce aux techniques que je leur enseigne, leurs familles peuvent vivre mieux aussi.

« Jésus a enseigné que Dieu est du côté des pauvres, et que nous aussi, on devrait être de leur côté. Les chrétiens ont la responsabilité d'aider les pauvres dans le monde. »

« Je ne suis toujours pas certain pourquoi vous faites ça », a dit Jean.

« C'est ma façon d'exprimer ma foi chrétienne. Et vraiment, la Bible dit aux chrétiens de s'occuper des pauvres. Les prophètes de l'Ancien Testament comme Ésaïe et le Nouveau Testament m'inspirent à faire ce que je fais. Je suis guidé par les paroles de la première lettre de Jean. »

Bernard a lu le verset de la lettre de Jean :

« Tu vois, a poursuivi Bernard, en tant que chrétiens nous sommes appelés à répondre aux besoins de nos frères et sœurs. Ce sont ceux qui ont les plus grands besoins que nous devons aider. »

« Pensez-vous que je peux faire quelque chose ? » a demandé Jean.

« Bien sûr que oui ! Il y a beaucoup à faire ici à St. John's. Tu peux penser à des façons de répondre à ce défi, ici même dans ta communauté. »

Écriture sainte
Nouveau Testament

Si quelqu'un, ayant largement de quoi vivre, voit son frère dans le besoin mais lui ferme son cœur, comment peut-il prétendre qu'il aime Dieu ?

1 Jean 3.17

Écriture sainte
Ancien Testament

«...Apprenez à bien faire, préoccupez-vous du droit des gens, tirez d'affaire l'opprimé, rendez justice à l'orphelin, défendez la cause de la veuve. »

Ésaïe 1.17

La nuit tombait. Jean et Bernard parlaient ensemble. Jean repensait à ce que Bernard lui avait dit. « Je suppose qu'il y a différentes façons d'être chrétien. Mais il s'agit très souvent d'aider les autres », a-t-il dit à Bernard.

« Tu as raison, a répondu Bernard. Je pense que c'est ça la religion. Je me souviens d'un ami juif qui a dit que la religion, c'est la façon dont nous nous entendons les uns avec les autres.

« J'ai rencontré des gens de différentes croyances religieuses et d'autres qui ne pratiquent pas de religion et qui travaillaient dans des groupes comme le mien en Équateur. Mais nous sommes tous convaincus que nous devons faire des sacrifices pour que les autres améliorent leur vie. »

« Alors tu dis que tout le monde devrait s'occuper du bien-être des autres », a dit Jean.

« Oui, a répondu Bernard. Je pense que tu vas étudier comment certaines religions s'occupent du bien-être des autres dans ta classe d'enseignement religieux à l'école cette année. »

Jean a fait oui de la tête. Il se rendait compte que l'été était fini. Il souriait en pensant à la rentrée. ❖

St. John's, Terre-Neuve-et-Labrador

Discussion

❑ Dans différentes parties du monde, des gens souffrent parce qu'ils sont pauvres ou qu'ils ont faim. Pourquoi est-ce injuste ? Qu'est-ce que l'on pourrait faire pour aider ces gens-là ?

❑ D'après M. Aucoin et Bernard, qu'est-ce que ça veut dire « être chrétien » ? En quoi la vie de Jésus en était-elle un exemple ?

❑ Fais un remue-méninges avec tes camarades au sujet de la ville de St. John's. Partage ce que tu sais au sujet de la population, de la situation géographique, de l'histoire, du travail des habitants et de l'importance de cette ville pour la province.

Allons plus loin

❑ Pense à des gens que tu connais ou dont tu as entendu parler et qui ont répondu au défi d'aider ceux qui sont dans le besoin. Que font-ils ? De quelle façon leurs actions peuvent-elles exprimer leur foi ?

❑ Discute de ce que tu peux faire pour aider les gens là où tu vis ou ailleurs dans le monde. Peut-être que tu pourrais commencer un projet avec ta classe que vous poursuivrez pendant toute l'année.

Apprenons les uns des autres

En bref

Les élèves de la classe de Mme Leblanc parlent de la manière dont les croyants des différentes religions s'intéressent aux autres.

C'était la première classe d'enseignement religieux de cette nouvelle année scolaire. Les élèves de cinquième année étaient curieux parce qu'ils avaient entendu dire que leur enseignante, Mme Leblanc, avait souvent des projets intéressants.

Mme Leblanc se tenait debout devant la classe, un sourire aux lèvres. « Cette année, vous allez découvrir un certain nombre de différentes religions, a-t-elle dit. Certains d'entre vous en connaissent quelques-unes car vos familles en sont membres, d'autres n'en connaissent aucune. Mais, avant la fin de l'année, vous connaîtrez tous quelque chose au sujet des différentes religions qui sont pratiquées à travers le monde et ici à St. John's. »

Christelle a regardé ses camarades de classe. Elle savait que la mère de son amie était bouddhiste mais elle ne savait pas ce que ça voulait dire. Elle se doutait qu'il y avait des élèves qui pratiquaient d'autres religions mais elle ne savait pas lesquelles.

Mme Leblanc a poursuivi : « Les gens appartiennent à différents groupes religieux parce qu'ils ont des idées et des croyances différentes concernant le monde.

« Il y a beaucoup de façons d'exprimer ces différentes idées et croyances mais elles s'expriment souvent à travers la religion. »

« Est-ce que c'est la raison pour laquelle il y a autant de religions ? » a demandé Louise.

« Eh bien, oui ! Louise, a répondu Mme Leblanc. Beaucoup de gens pensent que les différentes religions n'ont pas grand-chose en commun. Ce n'est pas vrai. En fait, les religions ont bien des choses en commun. Par exemple, les adeptes des religions que nous allons étudier croient qu'il est important de s'occuper des autres. »

Mme Leblanc s'est arrêtée pour donner le temps à ses élèves de penser à ce qu'elle venait de dire. Puis elle a dit : « Maintenant, j'ai une question pour vous. Est-ce quelqu'un peut me dire de quelles façons certaines religions ont inspiré les gens à aider les autres ? Formez des groupes de trois ou quatre personnes. Parlez-en ensemble pendant quelques minutes. Quand vous aurez terminé, j'aimerais que vous partagiez vos idées avec le reste de la classe. Pour vous aider à réfléchir, voici de la musique que vous pourrez écouter en discutant. Elle vient de la région des Andes, en Amérique du Sud. »

« Cette musique est différente », a chuchoté Christelle à son amie Anne.

« Ma sœur m'a dit que Mme Leblanc fait souvent écouter de la musique en classe », a dit Joseph, un autre membre du groupe. « Elle collectionne de la musique du monde entier. Au début, ça a l'air étrange mais ma sœur m'a dit qu'on finit par aimer cela. »

Après quelques minutes, la musique s'est arrêtée. Mme Leblanc a regardé autour d'elle. Elle s'est rendu compte que beaucoup d'élèves n'étaient pas prêts à répondre à sa question mais elle a remarqué qu'il y avait beaucoup de discussion à la table de Jean Aucoin.

« Jean, qu'as-tu trouvé ? » a-t-elle demandé.

« Je crois que j'ai un exemple, a répondu Jean. Cette musique me fait penser à notre ami Bernard qui travaille dans les Andes, en Équateur. L'autre soir, il m'a parlé de son travail. Il monte des projets en Équateur pour que les pauvres gagnent leur vie. Il leur montre comment faire du compost avec des vers de terre et des déchets. »

« C'est dégoûtant ! » se sont exclamés quelques élèves.

« Tu plaisantes ! » a dit Christelle.

« Non, c'est sérieux », a dit Jean. Puis il leur a expliqué comment les vers font ça.

« D'après toi, pourquoi fait-il ce travail ? » a demandé Mme Leblanc.

« Eh bien, Bernard m'a dit, qu'en tant que chrétien, il pense qu'il a le devoir de s'occuper des gens qui sont pauvres et qui ne sont pas traités de façon équitable. Grâce à son travail, les gens peuvent être responsables de leur vie. »

Deepak a levé la main. L'exemple de Jean lui a donné une idée.

« Je pense que Deepak a quelque chose à partager avec nous », a dit Mme Leblanc.

« Au temple hindou, j'ai appris que le Mahatma Gandhi, un grand leader du peuple indien, a aidé les gens à se libérer des lois injustes. »

Voici un musicien des Andes. Il porte des vêtements traditionnels.

« Tu as raison, a dit Mme Leblanc. C'était un hindou qui a inspiré beaucoup de leaders dans le monde. Des gens comme Nelson Mandela en Afrique du Sud, Martin Luther King aux États-Unis et Rigoberta Menchú au Guatemala ont tous utilisé des méthodes semblables pour aider leurs peuples dans leurs luttes contre l'injustice et le racisme. C'est très bien, Deepak. Est-ce que quelqu'un a d'autres idées ? »

Kirpal a hésité. Puis il a dit : « Ma famille est sikhe. Je racontais à mon groupe que les sikhs croient que tous les gens sont égaux et qu'il est mal de penser qu'un groupe de gens est meilleur que les autres. En plus, d'après la religion sikhe, nous devons partager ce que nous avons avec les autres. »

« C'est vrai, a dit Mme Leblanc. Et le temple sikh en est un bon exemple. Tout le monde y est le bienvenu et est invité à partager un repas après la cérémonie. »

Le Mahatma Gandhi
(Ma <u>hat</u> ma <u>Gan</u> di)
1869-1948

Martin Luther King
1929-1968

Nelson Mandela
1918-

Rigoberta Menchú
1959-

Ces leaders se sont battus pour que leurs peuples obtiennent la justice.

Pendant ce temps, Mme Leblanc voyait Christelle qui encourageait son amie Anne à partager quelque chose.

Anne a raconté à la classe quelque chose que sa mère lui avait appris au sujet du bouddhisme. « Ma mère dit que les bouddhistes traitent toutes les créatures vivantes avec respect et essaient de ne pas leur faire du mal. »

Le temple d'Or à Amritsar, en Inde, est un lieu de culte sikh.

« Oui », a dit Mme Leblanc. Elle a ajouté, « Les bouddhistes suivent les enseignements du Bouddha qui était connu comme celui qui montre de la compassion. Ils montrent différentes façons de s'intéresser aux autres.

« Très bonne discussion tout le monde ! s'est exclamée Mme Leblanc. Nous avons déjà appris beaucoup de choses les uns des autres. J'ai l'impression que vous comprenez que les croyants des différentes religions pensent que nous devrions nous préoccuper des autres êtres humains. Ces traditions religieuses représentent beaucoup plus que la compassion. Cette année, nous en apprendrons plus sur les religions dont nous venons de parler : le christianisme, le bouddhisme, le sikhisme et l'hindouisme.

« Comme premier travail, je voudrais que vous trouviez quelque chose que nous pourrons faire en tant que classe pour améliorer la vie des gens dans notre communauté et dans le monde aussi. Pensez-y pendant les prochains jours. On pourrait peut-être lancer notre propre projet. »

Les élèves ont remis leurs tables en place en parlant de certaines idées qu'ils venaient de partager. Certains discutaient de sujets possibles pour un projet de classe.

C'était presque l'heure de la récréation et Mme Leblanc a remis la musique. ❖

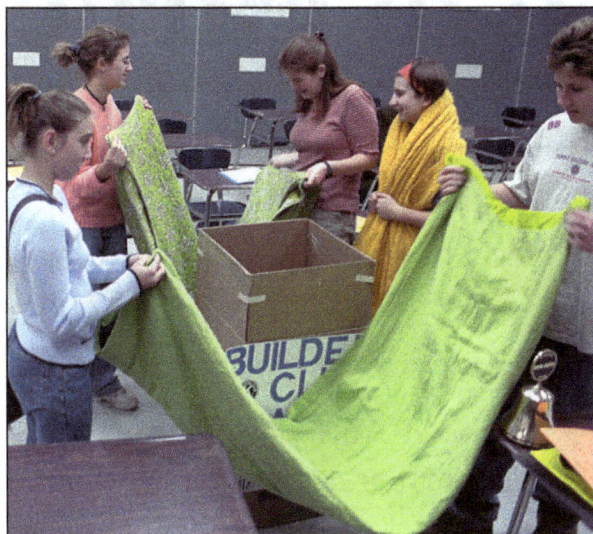

Allons plus loin

❑ Le Mahatma Gandhi s'est battu de façon non-violente pour la liberté et la justice. Il a appelé ce concept de lutte pacifique *ahimsa* qui veut dire ne pas faire de mal. Fais des recherches sur ahimsa.

❑ Cherche à en savoir plus sur les leaders mentionnés dans cette histoire : Gandhi, Mandela, King et Menchú.

Réflexion

❑ Mme Leblanc dit qu'il y a beaucoup de ressemblances entre les religions. Elle utilise l'exemple de « prendre soin » des autres. Pense à différentes religions que tu as découvertes dans des livres ou en parlant avec des amis ou ta famille. Identifie d'autres ressemblances entre les différentes religions.

❑ D'après toi, pourquoi est-il important d'apprendre à connaître les croyances des autres gens ou groupes ?

Qui le trouve le garde

En bref

Louise et Alice ont des décisions difficiles à prendre en rapport avec l'honnêteté, la loyauté et la justice.

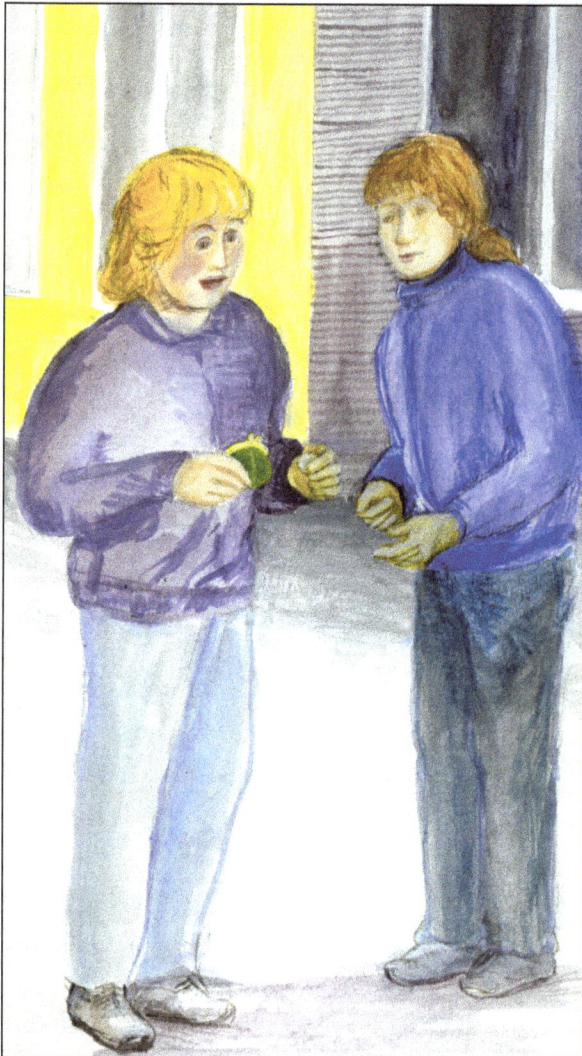

Louise et Alice ont poussé la porte de l'école et ont descendu les escaliers à toute vitesse. Leur journée était terminée et elles voulaient aller acheter un goûter au centre commercial en rentrant à la maison. Mais, ce jour-là, elles avaient un problème : elles n'avaient pas d'argent.

En s'arrêtant au coin de la rue près de l'école, Louise a vu un porte-monnaie vert par terre. Elle l'a ramassé et l'a ouvert. Il y avait deux pièces d'un dollar.

« Eh ! s'est exclamée Alice. On dirait que nous avons de la chance. Il y a assez d'argent pour qu'on s'achète un beigne chacune. On y va ! »

Louise a donné une des pièces à Alice. Elles sont parties en direction du centre commercial. En route, Louise a commencé à avoir des doutes.

« Alice, on aurait dû emporter ce porte-monnaie au bureau de l'école, a-t-elle dit. Peut-être qu'on devrait... »

« Arrête Louise, a dit Alice, qui le trouve le garde et tant pis pour celui qui l'a perdu. Si j'avais perdu mon porte-monnaie, je ne m'attendrais pas à le revoir. La personne qui le trouverait dépenserait l'argent. »

Louise n'était pas convaincue. D'un côté, elle avait envie d'un goûter, mais de l'autre, elle savait que cet argent ne leur appartenait pas. Elle marchait lentement en réfléchissant à la situation. Alice commençait à s'impatienter. « Tu viens, oui ou non ? » a-t-elle demandé.

Alors que Louise essayait de décider quoi faire, leur camarade de classe Christelle est arrivée. Elle était essoufflée et semblait inquiète. Elle a expliqué qu'elle arrivait du dépanneur : « Je devais acheter quelque chose pour ma grand-mère », a-t-elle dit, frustrée. Elle s'est mise à pleurer. « Mais, j'ai perdu mon porte-monnaie vert avec l'argent de ma grand-mère dedans. Est-ce que vous l'avez vu ? » Alice et Louise se sont regardées. ❖

Discussion

❏ En quoi cette histoire parle-t-elle de l'honnêteté, de la loyauté et de la justice ?

❏ D'après toi, que se passerait-il si Alice et Louise décidaient de ne pas rendre le porte-monnaie de Christelle ? Qu'est-ce qui pourrait se passer si elles le rendaient ?

Activité créatrice

❏ Avec des amis, pense à une fin pour cette histoire. Présente cette version à la classe sous forme d'une saynète. En préparant la présentation, pense aux sentiments des uns et des autres.

Réflexion

❏ Louise n'est pas sûre de vouloir aller au centre commercial et dépenser l'argent. Mais elle est l'amie d'Alice. Pense à la décision difficile que Louise doit prendre. Elle veut être loyale envers son amie mais elle ne veut pas dépenser de l'argent qui ne lui appartient pas.

❏ Dans ton journal, raconte ta décision de faire quelque chose contre le souhait de tes amis parce que tu as pensé que c'était la bonne décision. Comment tes amis ont-ils réagi ?

Retour de l'Inde

En bref Kirpal et Jean discutent quelques pratiques hindoues et sikhes.

La cloche venait de sonner. Jean traversait le terrain de jeux pour rentrer à la maison lorsqu'il a rencontré son ami Kirpal.

« Je te cherchais, a dit Jean. J'ai un nouveau disque. Veux-tu venir l'essayer ? »

« Formidable ! a répondu Kirpal. J'appellerai mon père de chez toi. »

« Salut Maman », a crié Jean en entrant à la maison. « Kirpal et moi, nous allons essayer le nouveau jeu à l'ordinateur. » Les garçons sont allés dans le salon et ont inséré le cédérom dans l'ordinateur pendant que Kirpal a téléphoné à la maison. Le lecteur de disque s'est mis en marche et le programme a démarré.

« On pourrait verifier le courriel pendant que nous attendons », a dit Jean.

Une liste de nouveaux messages est apparue à l'écran.

« Eh! s'est-il exclamé. Il y a un message de Lucie. » Lucie, la sœur de Jean, était étudiante en médecine. Elle était partie en Inde pour y étudier les soins de santé dans ce pays. Voici le message qui est apparu sur l'écran :

De:	laucoin@goobies.ca
À:	jaucoin@goobies.ca
Sujet:	Bonjour de l'Inde

Bonjour tout le monde !

Vous rendez-vous compte ? Je serai à la maison dans une semaine ! Je n'arrive pas à croire comme le temps a passé vite. Je sais que l'Inde et tous les amis que j'ai rencontrés ici vont me manquer, mais j'ai hâte de rentrer.

Je suis de retour à **Chennai**. Hier, nous avons pris le train à Chidambaram, une petite ville dans la région de Tamilnadu. C'était un superbe voyage. J'ai vu des temples magnifiques.

J'ai entendu dire que tu allais étudier l'hindouisme à l'école cette année, Jean. Sais-tu que c'est la religion la plus importante en Inde ? C'est une des plus vieilles religions au monde. La plupart de mes amis ici sont hindouistes. On les appelle aussi hindous. À Chidambaram, il y a un grand temple qui est dédié au Seigneur **Nataraja**. C'est le Dieu **Shiva**, sous la forme du Seigneur de la danse.

J'ai découvert qu'il y a plusieurs manières de pratiquer l'hindouisme. Par exemple, on vénère Dieu de beaucoup de façons différentes. Dans cette partie de l'Inde il y a beaucoup de **sanctuaires** et de temples dédiés à Ganesha. J'ai joint deux photos, une d'un temple et une de Ganesha, le dieu responsable d'enlever les défis et les obstacles dans la vie. Je sais que vous allez vous demander

Chennai
(chè nai)

Nataraja
(Na ta ra ja)

« Raja » signifie roi et « Natya » est le mot sanskrit pour danse. Nataraja est aussi appelé le Shiva dansant.

Shiva
(chi va)

Le sanctuaire

Pour les hindous, un sanctuaire est un endroit sacré réservé à la prière. Ça peut être dans une maison, un bureau ou même un parc. On y montre les images d'un certain dieu. Dans l'hindouisme, les gens ne se retrouvent pas ensemble dans un lieu de culte. Ils prient seuls. C'est pour cette raison qu'ils ont des sanctuaires à la maison, au travail, dans les champs et dans des lieux publics.

Ganesha

pourquoi Ganesha a une tête d'éléphant, mais je vous laisse chercher.

Je vais vous aider un peu… n'oubliez pas que les écritures hindoues parlent d'idées complexes. Pour les simplifier, les hindous utilisent des symboles et des images. Dans ce cas, certaines caractéristiques associées à l'éléphant sont associées à Ganesha pour nous rappeler ce qu'il représente.

C'est tout pour aujourd'hui. J'aurai beaucoup de choses à vous montrer quand je rentrerai. J'ai hâte de vous revoir tous ! À très bientôt.

Lucie

Le temple de Chidambaram

« L'Inde a l'air d'un pays vraiment intéressant ! s'est exclamé Jean. J'ai hâte que Lucie rentre et nous raconte tout. »

« Tu sais que ma famille vient de l'Inde », a dit Kirpal.

« Oui, a dit Jean. Es-tu hindou ? »

« Mes parents sont du **Pendjab** dans le nord de l'Inde. Ils ne sont pas hindous, a expliqué Kirpal. Ils sont sikhs. Il y a des choses intéressantes à apprendre au sujet de la religion sikhe aussi. »

Le Pendjab

Le Pendjab est une région située dans le nord de l'Inde. C'est le cœur de la religion sikhe. Il y a des sikhs partout au monde et beaucoup ont gardé des liens très forts avec le Pendjab.

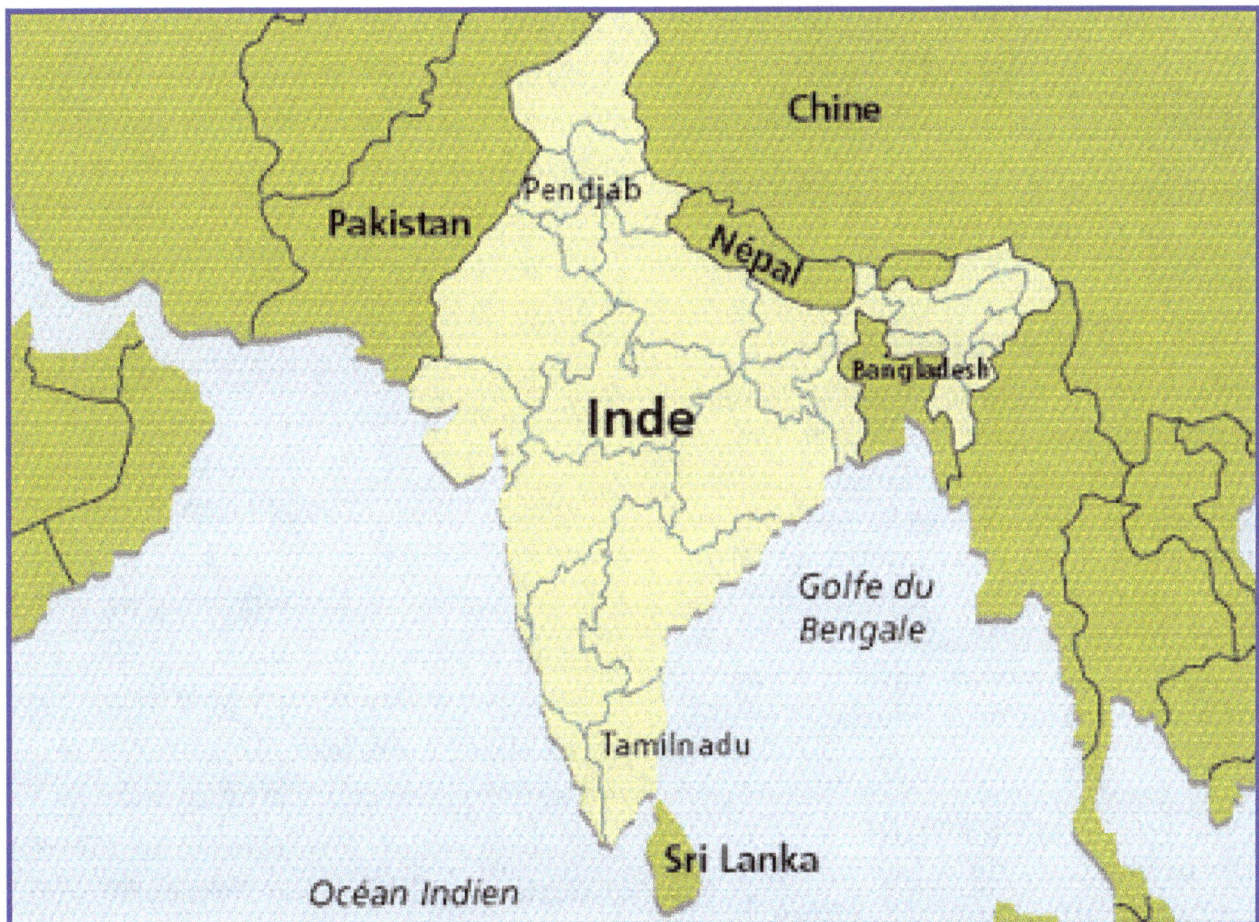

Situe le Pendjab sur cette carte.

« Ah ! oui, a dit Jean. Tu sais, je me suis toujours demandé pourquoi ton père porte un **turban**. »

« Les hommes sikhs doivent couvrir leurs têtes. Mais le turban n'est qu'une des choses que notre religion nous oblige à porter, a répondu Kirpal. Je t'en reparlerai un de ces jours. Est-ce qu'on joue, oui ou non ? »

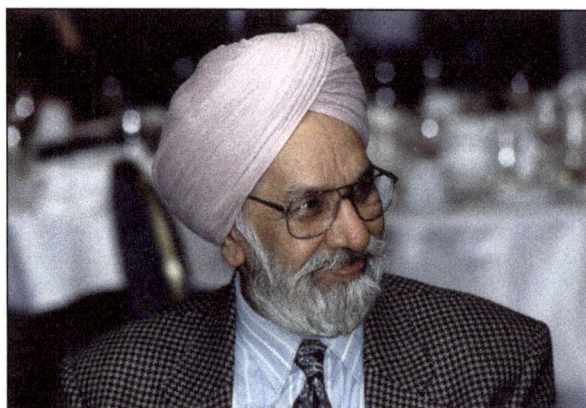

Cet homme porte un turban.

Le turban

Une coiffure faite d'un petit chapeau autour duquel on enroule une longue bande de tissu. Le turban d'un adulte sikh est en coton ; il mesure environ cinq mètres de long et un mètre de large. Généralement, on l'enroule six fois autour de la tête, dans le sens des aiguilles d'une montre. Ensuite, on rentre délicatement les deux bouts.

Le swami

Un professeur de religion hindoue s'appelle un swami ou *vedantin*. Il enseigne la Vedanta, un texte sacré des Upanishads, les écritures saintes.

Une semaine plus tard, la famille Aucoin allait chercher Lucie à l'aéroport. C'était une belle journée d'automne. Jean regardait par les vitres de la mini-fourgonnette en écoutant sa sœur Marie et sa mère qui parlaient.

« Je me demande à quoi Lucie ressemble maintenant, a dit Marie. Elle avait l'air très différente sur la photo qu'elle nous a envoyée il y a quelques mois. »

« Peu importe, je suis tellement contente de la voir revenir chez nous », a répondu sa mère.

Moi aussi, a pensé Jean. Lucie était très bonne avec Jean et ses amis. Elle les emmenait souvent en voiture avec leurs vélos de montagne. Ils allaient à Mount Scio et pouvaient faire du vélo dans la campagne.

À l'aéroport, Jean a été surpris de voir son ami Deepak.

« Salut Deepak. Que fais-tu ici ? » a demandé Jean.

« Mon père rentre de l'Inde aujourd'hui, a répondu Deepak. Il voyage avec un **swami** qui vient nous enseigner la Vedanta. La Vedanta nous parle des divinités dans l'humanité. »

« Nous sommes ici pour rencontrer ma sœur, a dit Jean. Te souviens-tu, je t'ai dit qu'elle était partie en Inde ? »

L'avion transatlantique venait d'atterrir et l'excitation augmentait au fur et à mesure que les passagers entraient dans l'aéroport. Jean a aperçu sa sœur qui parlait avec le père de Deepak, le professeur Mohan. À côté d'eux, il y avait un homme qui portait une longue barbe blanche et une tunique de couleur ocre. Il avait l'air très calme et souriait avec bonté et chaleur quand on lui parlait. Jean a pensé qu'il devait être le swami.

Toute la famille de Jean faisait de grands gestes pour essayer d'attirer l'attention de Lucie. Dès qu'elle s'en est aperçue, elle est arrivée en courant et a serré son père et sa mère dans ses bras. La mère de Jean avait les larmes aux yeux.

En voiture, Jean a demandé à sa sœur comment elle connaissait le père de Deepak.

« Nous étions dans le même avion à partir de Chennai, a expliqué Lucie. C'était incroyable ! Nous parlions ensemble à l'aéroport de Londres et j'ai découvert que nous attendions tous le même avion pour St. John's. J'ai aussi parlé au swami. Il va donner des cours au temple hindou ici en ville. » ❖

L'aéroport international de St. John's

L'homme qui porte la tunique ocre est un swami.

Discussion

❑ Qu'est-ce que Jean apprend au sujet des pratiques religieuses hindoues et sikhes ?

Allons plus loin

❑ Les parents de Kirpal sont nés au Pendjab, dans le nord de l'Inde. C'est le berceau de la religion sikhe. Fais des recherches pour savoir combien de personnes dans le monde pratiquent le sikhisme.

❑ Avec un partenaire, recherche combien de personnes dans le monde pratiquent l'hindouisme, le judaïsme, le christianisme et l'islam. Y a-t-il un pays où une de ces religions est dominante ? Vous pourrez chercher de l'information dans Internet.

La fête de Diwali

En bref — Lucie partage ce qu'elle a appris au sujet de certaines croyances, célébrations et symboles à la base de l'hindouisme.

Pendant que Lucie était en Inde, Jean s'était ennuyé d'elle. Il admirait Lucie et il appréciait le temps qu'ils passaient ensemble.

Le premier samedi après le retour de Lucie, ils ont marché le long de la rue Water. Lucie était heureuse d'être de retour au Canada, mais les souvenirs de son séjour en Inde étaient encore très forts. Elle s'est rendu compte qu'il y avait seulement quelques personnes dans les rues de St. John's à cette heure de la journée. Elle comparait cette scène avec tous les gens qui marchaient dans les villes qu'elle avait visitées en Inde.

Elle repensait à une soirée qui avait eu lieu quelques jours plus tôt. Avec ses amis indiens, elle célébrait la fête hindoue de **Diwali**. Il y avait des centaines d'hommes, de femmes et d'enfants dans les rues. Beaucoup de gens avaient allumé des petites lampes d'argile et les avaient placées sur le bord des fenêtres. On entendait des pétards exploser, on voyait les feux d'artifice éclairer le ciel et la nuit était remplie d'étoiles scintillantes. Il y avait beaucoup d'excitation. Lucie comprenait pourquoi Diwali s'appelait la fête des lumières.

❖ ❖ ❖

Diwali
(di oua li)

Les feux d'artifice pendant la fête de Diwali

« Lucie, tu m'écoutes ? » a dit Jean, impatient. « J'essayais de te parler du vélo de montagne que j'ai vu dans le nouveau magasin de vélo. »

« Oh, excuse-moi, lui a dit Lucie. Je rêvais à l'Inde et à tout ce qui est différent là-bas. »

« Qu'est-ce qui est différent ? » a demandé Jean.

« Eh bien, je pensais à la fête de Diwali qui a eu lieu juste avant mon retour ici. »

« Diwali, qu'est-ce que c'est ? »

Lucie a expliqué que Diwali est la fête religieuse la plus populaire en Inde.

Des lampes allumées pour la fête de Diwali

« On célèbre Diwali partout en Inde. Il y a des lumières partout. Le mot Diwali fait référence aux lampes qui sont allumées pour cette fête, a expliqué Lucie. On en voit partout.

« J'ai faim, a dit Lucie. Et toi ? On devrait aller manger au restaurant indien. La dernière fois que j'y suis allée, c'était bon et le patron m'a donné beaucoup de renseignements utiles au sujet de l'Inde avant mon départ. »

Dès qu'ils sont entrés dans le restaurant, le propriétaire, M. Kalidas, a reconnu Lucie et il est venu lui demander : « Alors l'Inde, c'était comment ? Est-ce que vous avez fait un bon voyage ? »

« C'était fantastique ! a répondu Lucie. Merci des conseils que vous m'avez donnés. Ils ont été très utiles. »

Lucie et son frère ont regardé partout dans le restaurant. « Regarde, Jean ! s'est exclamée Lucie. Tu as vu ces photos sur le mur ? Elles représentent les dieux *Rama* et *Lakshmi*. Ces photos sont là pour la fête de Diwali. »

Lucie a expliqué à M. Kalidas qu'elle parlait à Jean de la fête de Diwali. « Est-ce que vous pouvez nous en parler ? »

« J'aimerais bien, a dit M. Kalidas. Dans les villes où on la célèbre, il y a des lumières partout. Elles symbolisent la lumière du bien et du savoir, qui enlève la noirceur du mal et de l'ignorance. Les gens croient qu'avec cette lumière dans leurs maisons et dans leurs cœurs, ils pourront s'engager à faire de bonnes actions. Les lumières sont un symbole merveilleux et nous croyons qu'elles nous rapprochent de Dieu. »

M. Kalidas a continué, « Il y a aussi des histoires au sujet de Diwali. Pour beaucoup d'hindous, Diwali commémore le couronnement du Dieu Rama et célèbre sa victoire sur le mal et l'ignorance. Le mauvais roi Ravana a kidnappé Sita, la femme de Rama. Ceci a causé une guerre et Rama a vaincu le roi Ravana. On raconte son histoire dans le récit épique *Ramayana*. Pour montrer que nous sommes heureux de nous souvenir de cette histoire et fiers de Rama, nous allumons des lampes.

« Vous voyez les images de Rama et de Lakshmi là-bas ? On les voit dans beaucoup de maisons pendant Diwali. Elles représentent la richesse et la prospérité.

« Les gens s'offrent des cadeaux et des bonbons et invitent leurs amis à partager un repas avec eux pendant cette fête. »

« Cette discussion sur la nourriture me donne encore plus faim, a dit Lucie. Veux-tu goûter des choses comme celles que j'ai mangées en Inde ? »

Jean avait l'air hésitant de goûter à quelque chose de nouveau, alors M. Kalidas lui a proposé : « Tu devrais essayer notre buffet. Comme ça tu pourras choisir ce que tu veux. »

La victoire de Rama sur le mal et l'ignorance est célébrée pendant la fête de Diwali. Pourquoi penses-tu que Rama tient un arc ?

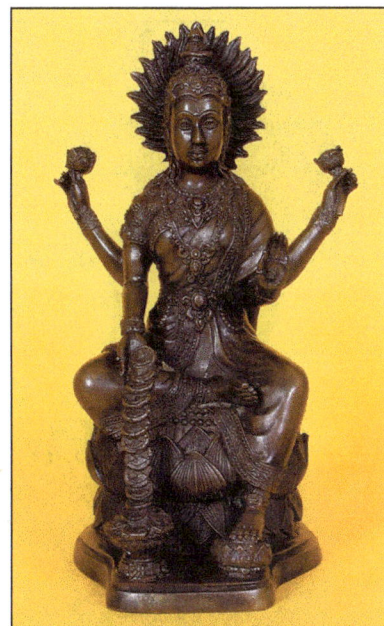

Lakshmi, la déesse de la richesse et de la prospérité, tient un lotus. Fais des recherches pour trouver pourquoi les dieux hindous sont souvent représentés avec cette fleur.

Ils ont pris des **chapatis**, du *dhal* et du riz. Lucie a ajouté du chutney dans son assiette mais elle savait que son frère trouverait le chutney trop épicé.

Ils se sont assis et ont commencé à manger. Jean a trouvé que le dhal ressemblait à une soupe aux pois épaisse avec un peu de curry dedans. On entendait la musique indienne qui jouait doucement.

Un peu plus tard, M. Kalidas s'est arrêté à leur table pour voir s'ils aimaient leur repas. « Savez-vous que nous venons de célébrer Diwali au temple hindou de St. John's ? »

Lucie lui a dit qu'elle avait rencontré le swami qui était arrivé de l'Inde pour parler au temple.

« Alors, vous devriez venir visiter le temple », a dit M. Kalidas. Je vous téléphonerai dans quelques jours et si vous êtes intéressée, nous pourrons peut-être le visiter bientôt. » Il a noté le numéro de téléphone des Aucoin.

« Merci beaucoup, a répondu Lucie. J'ai hâte d'avoir de vos nouvelles. » ❖

❖ ❖ ❖

Le chapati
Un pain en forme de galette, préparé avec de la farine de blé et de l'eau

Les fêtes hindoues

Diwali

Diwali signifie différentes choses pour les gens dans les différentes parties de l'Inde. Dans le nord de l'Inde, Diwali est associée au couronnement de Rama. À Gujarat, la fête honore Lakshmi, la déesse de la prospérité. Au Bengale, cette fête est associée à la déesse Kali. Partout, Diwali signale le renouveau de la vie et, par conséquent, il est commun de porter de nouveaux vêtements le jour de la fête. Le mot Deepavali (ou Diwali) est un mot sanskrit qui veut dire « profond » dans le sens de lumière et « avali » qui veut dire ligne ou rangée. Ensemble ça veut donc dire « rangée de lumières ».

Diwali est la fête de la lumière.

Ratha Yatra

Les images de certains dieux hindous, tels que Krishna, sont portées dans un défilé lors de la fête de Chariot (Ratha Yatra) dans la ville de Puri. Les images sont transportées dans de grands chars et sont tirées dans les rues par des pèlerins.

Les chars au Ratha Yatra

Holi

Holi est la célébration de la cueillette abondante au printemps. Les gens courent dans les rues en se lançant de l'eau rougie ou de la poudre rouge. On allume de grands feux de joie à cause de la légende du roi Hiranyakashipu qui voulait être vénéré comme un dieu. Son fils Prahlad ne voulait pas obéir à son souhait. Pour le punir, le roi a essayé de tuer Prahlad dans un feu de joie. Cependant, comme Prahlad vénérait Vishnou, il a été sauvé.

Les poudres de couleurs pour Holi

L'intérieur du temple hindou à St. John's

Discussion

❑ Quels symboles, croyances et célébrations de l'hindouisme Lucie a-t-elle découverts quand elle était en Inde ?

❑ À part Diwali, connais-tu d'autres fêtes religieuses où la lumière a un rôle important ? Lesquelles ? En quoi la lumière est-elle importante dans ces fêtes ?

Allons plus loin

❑ Cherche des renseignements supplémentaires sur les dieux et les déesses hindous tels que Ganesha, Shiva, Lakshmi, Devi et Krishna.

❑ Fais des recherches sur des fêtes hindoues.

Les symboles de l'hindouisme

En bref — Lucie, Deepak et Jean discutent comment les croyances religieuses sont souvent exprimées par des symboles.

Peu après son retour Lucie vérifiait le contenu d'un paquet qu'elle avait rapporté d'Inde. Jean la regardait. Lucie a remarqué le regard curieux de son frère.

« Je suppose que tu aimerais bien savoir ce qu'il y a dans ce paquet, a dit Lucie en lui souriant. Quelques-uns de mes amis viendront ce soir. Tu devrais inviter Deepak. Je vous montrerai tout à ce moment-là. D'ici-là, n'y touche pas ! Il y a peut-être une surprise pour toi ! »

Quand leurs amis sont arrivés, tout le monde s'est réuni au salon. On a mangé quelque chose et Lucie a répondu à beaucoup de questions concernant son expérience en Inde. Puis elle a dit : « C'est l'heure des cadeaux ! »

Lucie avait un paquet de *tilaks* pour sa sœur Marie. « Les tilaks sont les petits points que portent certains hindous sur le front, surtout les femmes mariées. » Lucie a fait remarquer qu'on les colle sur des images de saints et de Dieu pour les vénérer. Elle a expliqué que les tilaks sont considérés comme une manière de bénir et de se protéger des forces négatives.

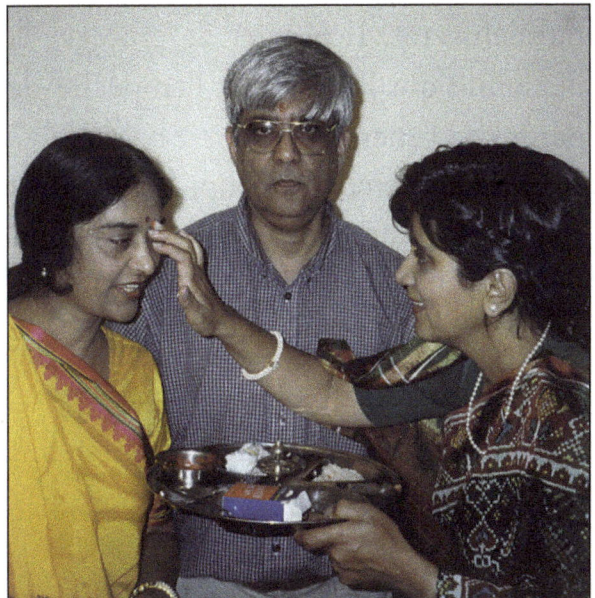

Le tilak

Le tilak est la marque que les hindous portent sur le front. Certains le posent chaque jour et d'autres pour les grandes occasions. En l'appliquant, on dit la prière suivante : « Que je me souvienne du Seigneur. Que le sentiment pieux se répande dans toutes mes activités. Que je sois vertueux dans toutes mes actions ».

Lucie a ajouté qu'une de ses amies hindoues lui a expliqué qu'il y a aussi une raison scientifique à l'importance du tilak. « Les hindous pensent que l'énergie s'échappe du corps surtout du point entre les deux sourcils. Cet endroit est aussi important puisque c'est l'endroit de la mémoire et de la pensée. Le tilak est confectionné avec des cendres sacrées, une poudre rouge appelée le *kumkum*, ou de la colle de bois sacré qui a un effet rafraîchissant. Il permet de protéger la personne qui le porte et l'empêche de perdre de l'énergie. »

« Ah ! merci beaucoup, Lucie, a dit Marie. J'ai hâte de voir les autres choses que tu as rapportées. »

Tout le monde était fasciné par les choses que Lucie sortait des paquets. Elle avait rapporté beaucoup d'autres cadeaux comme des chemises en coton, des perles et des bâtons d'encens. Il y avait un tee-shirt spécial pour Jean.

« Voici quelque chose pour toi », a-t-elle dit à son ami le père Julien. « Je sais que tu aimes beaucoup cuisiner et essayer de nouvelles recettes. Maintenant, tu peux faire de la cuisine indienne. Voici des épices indiennes.

« Quand j'étais en Inde, a continué Lucie, j'ai étudié la médecine traditionnelle indienne. Cela m'a fait comprendre l'importance de la nourriture pour notre santé. En Inde, le lien entre la nourriture et la santé est reconnu depuis des milliers d'années.

« Que penses-tu de ces livres, Deepak ? » a demandé Lucie en déballant quelques livres pour enfants devant ses invités.

Deepak a pris un des livres. « Celui-ci parle de Ganesha. Je parie que tu le connais, Jean. »

« Oui, a dit Jean. Quand Lucie m'envoyait des courriels de l'Inde, elle m'a parlé de Ganesha et j'ai fait des recherches. Ganesha est connu pour son intelligence, sa force, son rôle de chef. Il éliminait les problèmes et les obstacles, n'est-ce pas ? Ganesha symbolise l'habileté de bouger les objets les plus lourds et de ramasser la plus petite aiguille. »

« C'est vrai, a dit Deepak. Dans l'hindouisme, Ganesha symbolise la destruction des obstacles. Les gens prient souvent Ganesha quand ils sont sur le point de commencer des grands projets. Il est aussi le Dieu de l'éducation et du savoir. Ses grandes oreilles suggèrent que nous devrions écouter attentivement tout ce qu'on nous dit. » Deepak a montré une page du livre qui montrait une photo de Ganesha. « Tu as vu sa trompe ? a-t-il demandé. Elle cache sa bouche. Ça nous montre qu'on ne devrait parler que lorsque c'est nécessaire. »

« Et ce livre ? C'est au sujet d'un dieu qui s'appelle Hanuman. Qui est-il ? » a demandé Jean.

« Avec ses amis, Hanuman a sauvé la déesse Sita et l'a ramenée à son mari Rama. Nous entendons parler de ses aventures dans une histoire qui s'appelle Ramayana. Regarde, c'est là dans le livre. » Deepak a montré du doigt un des livres que Lucie avait rapporté de l'Inde.

Deepak a pris une version pour enfants de Ramayana. Il a montré quelques-unes des photos en couleurs dans le livre. « Voici Hanuman qui sauve Sita », a dit Deepak. Puis il a montré un autre livre à Jean. « Je reconnais ça. C'est le **Mahabharata**. C'est un des livres religieux les plus importants de l'hindouisme. »

En regardant les livres posés devant eux, Deepak a reconnu les autres dieux. « Voici Shiva. Il danse à l'intérieur d'un cercle de feu. Sous cette forme, il est connu comme le seigneur de la danse. Lakshmi, elle est la déesse de la richesse. Celle qui joue de la flûte, c'est Krishna. Le temple hindou ici à St. John's est un sanctuaire pour Krishna. »

« Je ne comprends pas comment vous savez lequel vous devez adorer, a dit Jean. Est-ce que ta famille adore tous ces dieux ? »

« Non, ma famille honore le seigneur Vishnou et nous lui dédions un lieu de prières dans notre maison.

❖ ❖ ❖

Le Mahabharata
(Ma <u>ha</u> ba ra ta)

Mahâbalipuram
(ma a ba li pou ram)

Mahâbalipuram est situé près de Chennai. Le temple sur le rivage a été construit pendant les années six cents. Les spirales jumelles indiquent que le temple est dédié à deux dieux. Il y a des sanctuaires dédiés au Seigneur Vishnou et au Seigneur Shiva.

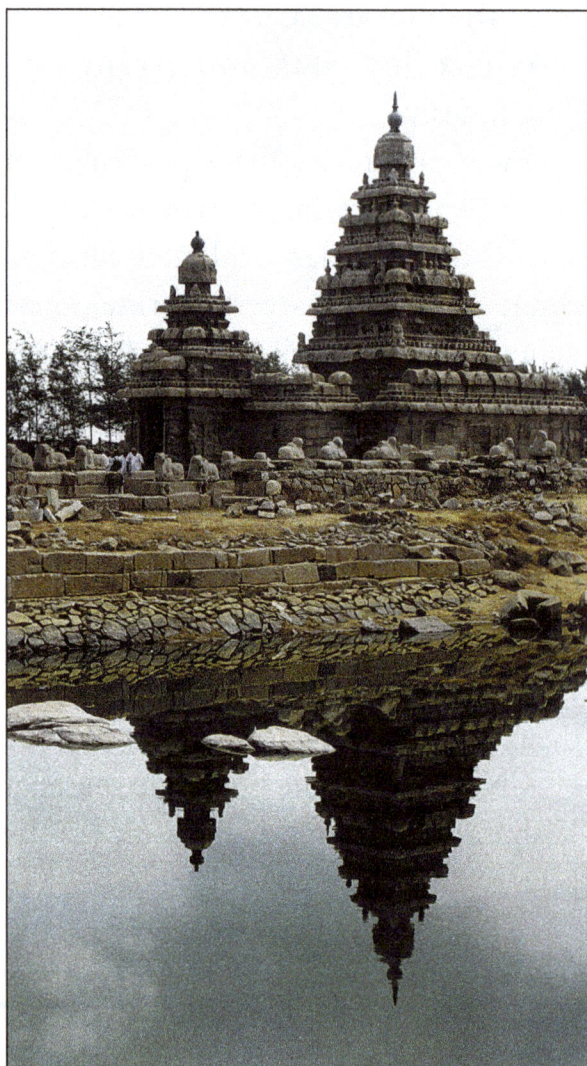

Le temple sur le rivage à Mahâbalipuram

« J'ai appris de mes parents et des professeurs qui sont venus au temple que même si nous donnons différents noms et formes à Dieu, il n'y a qu'un seul Dieu. Pour comprendre Dieu, les hindous utilisent différents symboles, mots imagés, documents visuels et histoires. Tous ces symboles et images représentent tous Dieu et nous aident à le comprendre. »

Plus tard, après le départ des autres, le père Julien est resté et Mme Aucoin a fait du thé.

« Jean, montre-nous ce que Lucie t'a donné », a dit sa mère.

Jean a montré le tee-shirt.

« Mets-le pour que l'on voie à quoi il ressemble », a-t-elle dit.

« Il y a un temple dessus », a fait remarquer son père.

« Oui, a dit Lucie. C'est un temple sur le rivage. »

« Il s'appelle… » Jean avait du mal à lire le nom à l'envers. « **Mahâbalipuram** », a-t-il prononcé.

« Le temple est vraiment magnifique, a dit Lucie. Je l'ai visité quand j'étais à Chennai. »

« On dirait qu'il y a beaucoup d'art dans la religion hindoue comme des sculptures et des bas-reliefs sur les temples, a dit Jean. Merci du tee-shirt, Lucie ! »

La famille Aucoin a passé le reste de la soirée à écouter Lucie parler des endroits qu'elle a vus et des gens qu'elle a rencontrés pendant son séjour en Inde. ❖

Ces enfants écoutent une lecture du Ramayana pendant une leçon au temple hindou à St John's. Cette leçon s'appelle *Bala-Vihar*, ce qui veut dire la leçon des enfants.

Discussion

❑ Pense à la manière dont Deepak décrit le Dieu Ganesha et le symbolisme de l'éléphant. Il décrit comment les oreilles et la trompe rappellent aux hindous qu'il faut écouter attentivement. Pourquoi est-ce que ces leçons sont importantes ?

Réflexion

❑ Pense aux différentes histoires dont parle Deepak. Comment ces différentes histoires aident-elles Deepak à apprendre des choses sur Dieu ?

❑ Pourquoi les gens portent-ils des tilaks ? Comment le tilak rappelle-t-il toujours leur religion aux hindous ?

Jean découvre des symboles chrétiens

En bref

Jean découvre comment les croyances religieuses sont souvent exprimées à travers l'architecture et les tableaux.

Le dimanche suivant, la famille Aucoin est allée à l'église. Pendant la cérémonie, Jean a regardé autour de l'église. Il se demandait comment les églises chrétiennes utilisent les photos et les symboles pour exprimer leur foi. Il a remarqué qu'il y avait une série de tableaux sur les murs. Ils lui faisaient penser à des peintures de l'artiste terre-neuvien Gerald Squires que Jean avait

La deuxième station, Jésus porte sa croix, 1985, Gerald Squires

▶ **D'après toi, pourquoi l'artiste montre-t-il Jésus seul dans un paysage aride ? Que ressens-tu quand tu regardes cette image ?**

vus avec les Louveteaux quand ils avaient visité l'église de Mount Pearl. Il a décidé d'en parler avec le père Julien.

Le père Julien est venu parler avec la famille Aucoin après la cérémonie. Jean a attendu qu'il dise bonjour à ses parents, puis il a demandé : « Quelles sont ces images que j'ai vues sur les murs dans l'église ? »

Le père Julien lui a répondu : « C'est **le chemin de la croix**. Ce sont des tableaux du procès, de la mort et de la mise au tombeau de Jésus. Notre église n'est pas la seule à montrer ces tableaux. En fait, dans la plupart des églises chrétiennes, on voit des tableaux et des symboles qui aident les chrétiens à se souvenir des événements dans la vie de Jésus et qui nous rappellent l'amour de Dieu.

« Le christianisme a inspiré beaucoup d'artistes, a continué le père Julien. C'est simplement que beaucoup de gens comme toi n'y pensent pas car tu vois ces choses très souvent. »

« Je croyais reconnaître ces tableaux. M. Gerald Squires a peint des tableaux qui ressemblent à ça, n'est-ce pas ? » a demandé Jean.

Le chemin de la croix

On voit généralement le chemin de la croix dans les églises catholiques romaines. C'est une série de quatorze tableaux ou sculptures représentant ce qui s'est passé entre le procès de Jésus, sa mort et le moment où il a été mis dans un tombeau.

La croix est un symbole chrétien que l'on trouve dans beaucoup d'églises. Certains chrétiens ont des croix à la maison ou les portent en pendentif. Où as-tu vu des croix ? Que symbolisent-elles ?

« Il a aussi peint un grand tableau de **la Cène**. »

« Père Julien, a dit Lucie à son ami, tu parlais de l'art et du christianisme il y a quelques instants. Je me souviens des diapositives de ton voyage en Europe. Tu avais de superbes photos de tableaux et de vitraux. »

« C'est vrai, a répondu le père Julien. Parmi mes préférées, il y avait les vitraux spectaculaires de Chartres en France. Il faut les voir. Les photos ne leur rendent pas vraiment justice. Ce sont de grandes fenêtres circulaires, parfois appelées rosaces, avec des superbes scènes en couleur. »

« N'oubliez pas, a dit Mme Aucoin, il y a beaucoup d'églises à Terre-Neuve-et-Labrador qui possèdent de très beaux vitraux aussi bien que des sculptures et des peintures. Ici, à St. John's, il y a un superbe vitrail à l'église St. Andrew's. »

❖ ❖ ❖

La Cène

Le repas que Jésus a partagé avec ses disciples avant son arrestation et sa mort. Les chrétiens s'en rappellent dans une célébration religieuse spéciale.

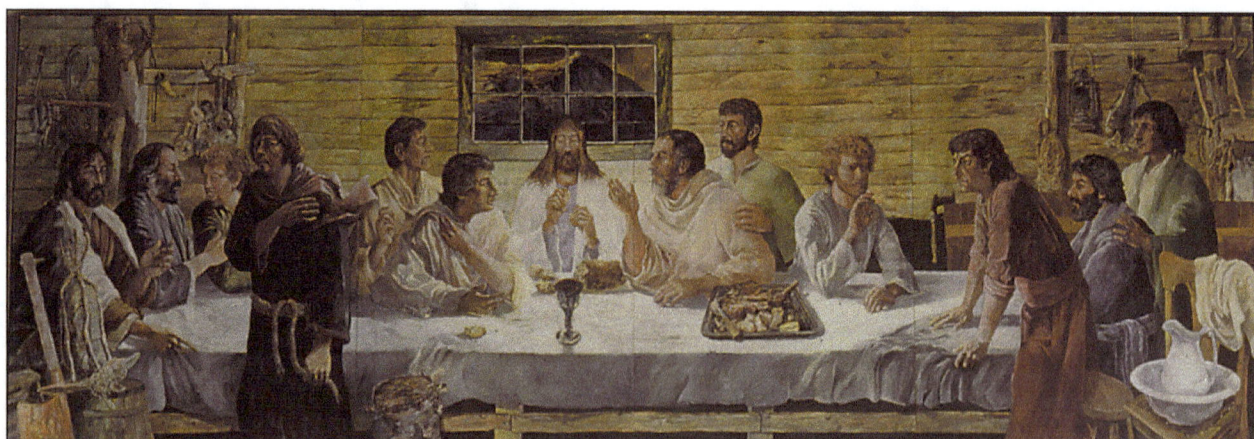

La Cène, 1986, Gerald Squires

« C'est vrai, a ajouté M. Aucoin. Tu te souviens du vitrail que nous avons vu dans cette église de Cartwright au Labrador ? »

« Mais oui ! a répondu le père Julien. Tu vois, les vitraux, les statues et les peintures aident les gens à comprendre leur religion. Les gens disent que lorsqu'ils voient la lumière traverser les vitraux de Chartres, ils se sentent en présence de Dieu. »

Plus tard ce jour-là, Jean a repensé à ce qu'il avait vu et entendu. Il avait l'impression d'avoir appris quelque chose d'important. Il a compris que beaucoup de religions utilisent des symboles pour aider les gens à mieux comprendre leur foi. » ❖

La cathédrale de Chartres

La rosace de la cathédrale de Chartres

La cathédrale anglicane St. John the Baptist à St. John's

Discussion

❏ Avec tes camarades, discute des exemples d'art que l'on trouve dans les lieux de culte là où tu vis.

❏ À ton avis, que représentent les tableaux, les statues et les vitraux ? Comment les sentiments religieux s'expriment-ils dans l'architecture, la peinture et la sculpture ?

Allons plus loin

❏ Si possible, avec ta classe ou ta famille, visite une église, une synagogue ou un temple près de chez toi. Invite quelqu'un qui connaît l'architecture et l'art de ces lieux de culte pour expliquer la signification religieuse de ce bâtiment et des œuvres d'art à l'intérieur.

Une visite dans un temple hindou

En bref

Pendant leur visite dans un temple hindou, les Aucoin en apprennent plus au sujet de la prière et du respect du devoir.

Quelques jours plus tard, M. Kalidas a appelé Lucie et l'a invitée de nouveau à visiter le temple. Ils se sont donné rendez-vous pour le dimanche suivant.

« Je crois que vous avez déjà rencontré mon ami, le professeur Mohan, dans l'avion, a-t-il dit. Je lui ai parlé de votre visite. Il m'a dit que son fils Deepak et sa fille Prita vont à la même école que votre frère et votre sœur. Comment s'appellent-ils ? »

« Jean et Marie », a répondu Lucie.

« Ils aimeraient peut-être venir avec nous », a dit M. Kalidas.

Ce soir-là, à table, Lucie a parlé de sa conversation avec M. Kalidas.

« Saviez-vous que Deepak et Prita vont au temple ? » leur a demandé Lucie.

« Oui, a dit Marie, je sais. Prita m'a expliqué que même s'ils prient à la maison, ils vont au temple le dimanche. De cette façon, ils rencontrent d'autres hindous. »

« Est-ce que vous aimeriez venir avec moi visiter le temple hindou ? » a demandé Lucie.

« Oui ! » a répondu Marie sans hésiter.

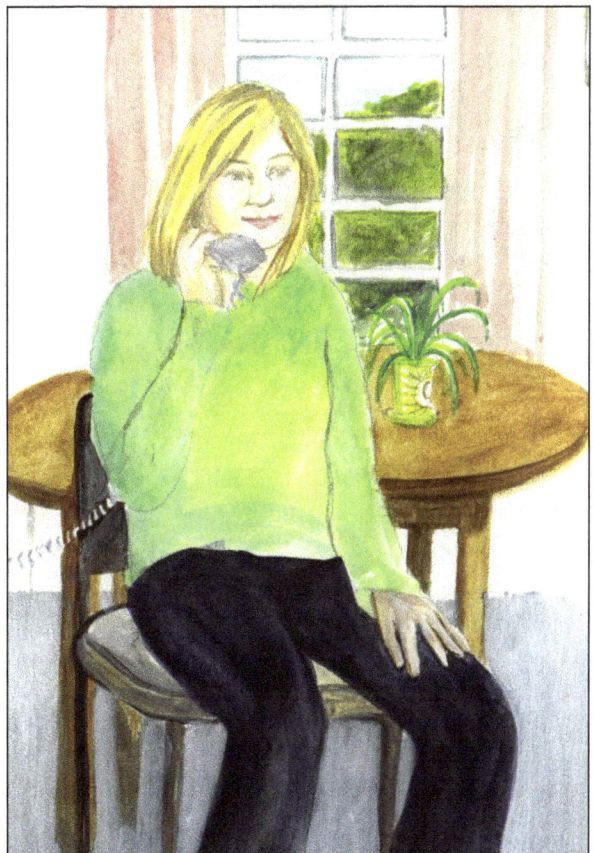

Namaste
(na ma sté)

Le pûjâ
(pou ja)

C'est l'action de vénérer Dieu à travers des prières, des chants et des rites. Le pûjâ est pratiqué à la maison, devant le lieu de prières familiales et au temple aussi.

Écriture sainte
Shaanti Mantra

Om,
Qu'il nous protège ;
Qu'il nous bénisse du bonheur de la connaissance.
Travaillons ensemble.
Que ce que nous étudions soit bien étudié.
Que nous ne nous disputions pas.
Om,
Paix, paix, paix.

Voici une prière qui pourrait être dite pendant le pûjâ.

Shaanti
(chan ti)

Le mantra

Un mot ou une petite écriture sainte que les gens répètent pour les aider à méditer et prier

Jean était indécis. « Ça finira à quelle heure ? a-t-il demandé. Souviens-toi, tu m'as promis de m'emmener à Mount Scio avec mes amis, pour faire du vélo de montagne, dimanche après-midi. »

« Je n'ai pas oublié, a dit Lucie. Je suis certaine que ce sera terminé avant la fin de la matinée. »

« D'accord, j'irai », a dit Jean.

Le dimanche suivant, quand ils sont arrivés au temple, Lucie a vu M. Kalidas qui les attendait dehors.

M. Kalidas se tenait les mains, s'est incliné et a dit « *Namaste* », quand Lucie, Jean et Marie se sont approchés de lui. Lucie a répété le geste. Elle avait souvent entendu le mot namaste quand elle était en Inde. Elle savait que ça voulait dire : « Je m'incline devant le divin en toi », et aussi, « Que nos esprits se rencontrent. » Incliner la tête est une façon gracieuse d'offrir l'amitié, l'amour et l'humilité.

Ils sont entrés dans le temple ensemble. Avant d'entrer dans la grande salle des prières, ils ont enlevé leurs chaussures. Ils ont trouvé Deepak et sa famille et ils sont allés avec eux. On a entendu jouer de la musique et puis, il y a eu un silence.

M. Kalidas leur a dit que les gens de la communauté hindoue se réunissaient chaque semaine pour une célébration de prières. « Nous commençons avec le *pûjâ* a-t-il dit. Dans cette partie de la célébration, il y a des prières, des chants et des rites. Comme vous le savez, un swami nous rend visite en ce moment. Il nous enseignera des choses au sujet de l'hindouisme. »

M. Kalidas a montré une statue sur l'autel au bout de l'allée du temple. « Krishna est un **avatâra** de **Vishnou**. »

La prière ou le pûjâ allait commencer. Un adulte a dirigé un groupe d'enfants vers l'avant du temple. Les enfants ont placé des fleurs et de la nourriture devant la statue de Krishna. Les adultes ont déposé une petite lampe à huile. « Ça s'appelle la lampe *arati* », a dit M. Kalidas aux enfants Aucoin.

Vishnou
(vich nou)

Arati
(a ra ti)

L'avatâra

Les hindous croient que les dieux prennent différentes formes appelées « avatâras ». Par exemple, le Dieu Vishnou prend la forme humaine de Krishna dans le Mahabharata et celle de Rama dans le Ramayana. Le Mahabharata et le Ramayana sont des récits épiques sacrés de la religion hindoue.

Voici la statue de Krishna qui se trouve dans le temple hindou de St. John's. On voit toujours Krishna avec sa flûte. Essaie de trouver pourquoi.

Ensuite tous les gens ont prié ensemble. Ils ont promis de se consacrer à nouveau ou se donner à une vie de vérité, de service et à la recherche spirituelle.

Puis Lucie a entendu un son qui lui était très familier. Les gens répétaient le son « **Om** » trois fois. Lucie l'avait entendu plusieurs fois en Inde et elle savait que c'était le son le plus sacré de l'hindouisme.

OM

C'est le plus célèbre des mantras, prières ou mots sacrés répétés dans l'hindouisme. Dans la langue hindoue ancienne, le sanskrit, Om est représenté par un symbole qui ressemble un peu au chiffre trois. On le répète trois fois pour la paix de l'esprit, la paix sur terre et la paix dans les paradis.

Om est une syllabe sacrée qui représente Brahman, la source de toutes les choses. Personne ne peut vraiment décrire Brahman par des mots, alors on utilise le symbole Om.

Les hindous prient le Dieu Vishnou en tant que protecteur du monde. Que porte Vishnou dans sa main ? Essaie de trouver d'autres photos du Dieu Vishnou. Est-il toujours dans la même position ?

Après ce chant, M. Kalidas a continué à expliquer : « Le pûjâ est structuré pour que nous utilisions les cinq sens : le toucher, l'odorat, l'ouïe, la vue et le goût pour nous rapprocher de Dieu. Nous utilisons la musique et nous récitons un mantra pour que nos oreilles reconnaissent Dieu. Pour nos yeux, nous avons de superbes images. Nous avons de l'encens pour que l'air sente bon. Ça nous permet de nous concentrer sur Dieu. Avec arati, nous utilisons notre sens du toucher. Après la cérémonie, la lampe arati passe de main en main dans le temple. Tous les gens passent la main sur la flamme, puis ils se passent la main sur le front. Par ce rituel de purification, nous prenons la lumière de la connaissance dans nos cœurs. Après ça, nous avons *prasad*, la nourriture que nous avons offert au Seigneur Krishna. Nous le recevons de nouveau sous la forme d'un cadeau béni du Seigneur. »

Les enfants récitaient : « Om Shaanti Shaanti Shaanti. »

« Les enfants chantaient les louanges au Seigneur Krishna. Maintenant ils prient pour la paix », a chuchoté M. Kalidas.

Le pûjâ était terminé et les plus jeunes de l'assemblée ont commencé à descendre l'escalier.

Jean a suivi Deepak. « Voici notre école du dimanche », a dit Deepak.

Quand tout le monde était assis en bas, un des adultes a lu un extrait d'une histoire qui s'appelait Ramayana. On leur a parlé du roi Rama, dont la femme, Sita, avait été emportée par un roi-démon. L'histoire raconte qu'une armée de singes commandée par Hanuman est venue aider le roi Rama à retrouver sa femme. Tout le monde écoutait pour savoir ce qui allait arriver. Jean était déçu quand on leur a dit qu'il était temps de rejoindre les autres, en haut. Il aurait aimé entendre la fin de l'histoire.

❖ ❖ ❖

Prasad
(pra za)

Prasad est une nourriture considérée comme sainte qui nourrit l'esprit. C'est une offrande à tous les dieux, les croyants la reçoivent de nouveau comme une nourriture symboliquement pure qui rajeunit. Ça peut être des fruits frais, des noix ou un mélange sucré de farine et de beurre cuit.

Le roi Rama, son frère Laxman et sa femme Sita. On voit Hanuman à genoux aux pieds du roi Rama.

Récits épiques hindous

Le Ramayana et le Mahabharata sont des histoires anciennes qui ont été racontées aux enfants depuis des milliers d'années par leurs grands-parents ou d'autres membres de la famille. Ils ont appris des chansons et des versets de ces récits épiques et ils les récitaient pendant la prière. Ils sont toujours populaires. Beaucoup de petits hindous les lisent encore dans des bandes dessinées. Il y a aussi des jeux informatiques basés sur ces histoires.

« Nous avons le Ramayana sur un disque à la maison. Je te le montrerai un de ces jours », a dit Deepak en remontant. « Tu verras comment Hanuman et ses amis singes ont sauvé Sita et l'ont ramenée chez elle à Rama. »

« J'ai entendu parler de Rama, a dit Jean. Je crois qu'on le célèbre à la fête de Diwali. »

Pendant que les enfants étaient à l'école du dimanche, Lucie était restée écouter la conférence du swami. Il a rappelé à tout le monde les éléments principaux de leurs convictions hindoues.

« Souvenez-vous que notre religion est l'une des plus anciennes au monde et qu'il n'y a pas qu'une personne à son origine. En fait, le titre "religion hindoue" n'apparaît même pas dans les plus vieilles écritures comme les Vedas, les Upanishads et la Bhagavad-Gîtâ. Notre religion était autrefois appelée *Santana Dharma*, ce qui veut dire vérité éternelle ou vérité qui ne change jamais. »

Le swami a alors lu un passage d'une de ces écritures saintes, la **Bhagavad-Gîtâ**. Après avoir terminé, il a dit : « Nous connaissons bien cette histoire. C'est l'histoire d'Arjuna qui part se battre avec son chauffeur de chariot, Krishna. Krishna offre des conseils à Arjuna. En l'écoutant, Arjuna se rend compte que son ami de toujours est Dieu. Et quel enseignement Arjuna a-t-il reçu ? Le voici : Fais ton devoir consciemment, sans penser à la récompense. Montre de la dévotion et de l'amour à Dieu. »

À la fin de l'assemblée, on a distribué les prasads. Les gens se sont rassemblés pour parler au swami. Les Aucoin ont parlé avec M. Kalidas. Ils l'ont remercié puis ils ont dit au revoir aux autres. Jean et Marie avaient hâte de rentrer chez eux pour raconter leur visite au temple hindou à leurs parents. ❖

La Bhagavad-Gîtâ
(ba ga vad gee ta)

Les mots « Bhagavad-Gîtâ » veulent dire chanson du Seigneur. Le grand leader, le Mahatma Gandhi a dit : « Quand j'ai des doutes, quand je suis très déçu, et que je ne vois pas un seul rayon d'espoir à l'horizon, je prends ma Bhagavad-Gîtâ et je trouve un verset qui va me réconforter. Je commence à sourire immédiatement au milieu de cette grande peine. »

Écriture sainte
La Bhagavad-Gîtâ

*F*ais ton devoir aussi bien que tu peux, O Arjuna, en pensant au Seigneur et non pas aux récompenses que tu recevras peut-être ou peut-être pas. Reste calme dans le succès et l'échec.

La Bhagavad-Gîtâ 2. 4-7

Écritures saintes de l'hindouisme

Voici les textes sacrés hindous les plus importants :

- les Vedas
- les Upanishads
- la Bhagavad-Gîtâ

Le temple hindou à St. John's. Cherche des photos d'autres temples hindous. Quelles sont les ressemblances ? Quelles sont les différences ?

Discussion

❏ Qu'apprennent les Aucoin au sujet de la prière et de l'engagement dans l'hindouisme pendant leur visite au temple hindou ?

Réflexion

❏ Relis la prière de la page 48. Souvent quand les gens prient, ils ont besoin d'être aidés ou guidés. Que demande le Shaanti Mantra ?

Allons plus loin

❏ Cherche les histoires hindoues suivantes : Ramayana et Mahabharata. Tu pourras les trouver à la bibliothèque ou dans Internet. Partage-les avec toute la classe. Un groupe peut essayer de monter une saynète à partir d'une de ces histoires.

Le fils prodigue

En bref

Lors d'une discussion au sujet de la parabole du fils prodigue, Jean découvre le pardon, la réconciliation et la justice.

Jean venait de rentrer de l'école. Il était assis à la table de la cuisine et dégustait une tasse de chocolat chaud. On sentait le petit air frais de novembre et ça faisait du bien de boire quelque chose de chaud. Il a levé les yeux vers Lucie qui entrait avec un petit sac.

« Mes diapositives sont finalement prêtes, a dit Lucie. Je viens d'aller les chercher. »

« Tu sais ce que tu devrais faire Lucie, lui a dit sa mère. Tu devrais inviter quelques-uns de tes amis les regarder. Peut-être toi et le père Julien, vous pourriez nous préparer un repas indien. Je vous aiderai aussi si tu veux. »

« Quelle bonne idée ! » a répondu Lucie.

Le samedi suivant, il y a eu un grand rassemblement chez les Aucoin. Tout le monde a trouvé les diapositives très intéressantes et maintenant on attendait la nourriture avec impatience.

Le père Julien a dit la prière avant le repas. Ensuite, M. Aucoin a dit quelques mots.

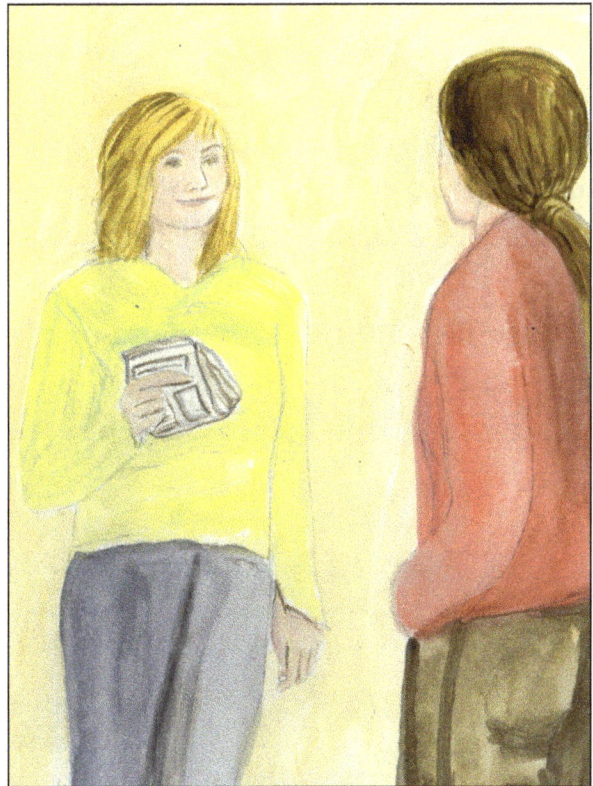

« Nous sommes tous très contents du retour de Lucie. Et c'est formidable de vous voir tous réunis ici pour partager ce repas et nous aider à accueillir notre "fille prodigue" ! »

Tout le monde a ri. Jean avait l'air perplexe. « Qu'est-ce qu'il veut dire ? » a-t-il demandé au père Julien qui était assis près de lui.

« Ton père fait une petite blague », a expliqué le père Julien quand ils ont commencé à manger. « Il fait référence à une histoire dans l'Évangile de le Nouveau Testament. Luc au sujet du fils prodigue. Ce jeune homme part et voyage pendant que son frère reste à la maison et doit faire tout le travail pour son père. Quand l'autre fils rentre de voyage, le père fait une fête pour lui. Son frère n'aime pas ça. »

« Je le comprends, a dit Jean. Après tout, il a fait tout le travail, son frère a voyagé et s'est amusé et c'est pour lui qu'on fait une fête. »

« Je comprends ce que tu veux dire, a dit le père Julien en riant. Mais le père est si ravi du retour de son fils qu'il veut exprimer son bonheur en faisant une grande fête. Ton père aussi veut montrer qu'il est très content du retour de Lucie. »

Jean faisait oui de la tête. Il se souvenait d'avoir entendu cette histoire à l'école quand ils avaient parlé des paraboles de Jésus.

« Tu sais, c'est un peu une coïncidence, a continué le père Julien. Dimanche prochain, pendant la **messe**, je parlerai de cette parabole. Tu ferais bien d'écouter attentivement », a-t-il ajouté avec un sourire.

Tout le monde avait l'air d'apprécier le repas. Jean était heureux d'être assis avec les amis de sa sœur et d'écouter leurs conversations. Ils préparaient une grande expédition à vélo dans les White Hills pour le samedi suivant. Lucie a suggéré que Jean et quelques-uns de ses amis viennent avec eux.

La messe

La célébration principale de culte de l'église catholique romaine, où on lit l'écriture sainte et on communie. D'autres termes utilisés pour la communion sont la sainte communion, Le repas du Seigneur et l'Eucharistie.

Le retour du fils prodigue, 1823, Stapleaux, M. S. et David, J-L

Grâce infinie

Grâce infinie de notre Dieu qui,
un jour, m'a sauvé !
J'étais perdu, errant de lieu en lieu
quand Il m'a retrouvé.

Dans mes épreuves et mes labeurs,
suffisante est sa grâce.
Je peux toujours compter sur sa
faveur
à chaque heure qui passe.

John Newton
[Traduction libre]

« Ah ! merci, a dit Jean. Je suis content que la fille prodigue soit de retour. »

Le lendemain, comme il l'avait dit, le père Julien a parlé à l'assemblée du fils prodigue. En écoutant, Jean a pensé que c'était la première fois qu'il comprenait l'histoire.

Le message était très simple. Il n'est jamais trop tard pour changer. Dans l'histoire, le fils a quitté la maison, gaspillé son argent et il ne lui restait plus rien. Mais quand il est rentré à la maison, il a été bien accueilli et accepté.

Maintenant je comprends la blague. Je suis vraiment content qu'elle soit de retour et qu'elle ne soit pas comme le fils prodigue, a pensé Jean.

« Le christianisme enseigne que les gens qui pensent que tout est perdu et qu'il n'y a pas d'espoir peuvent revenir vers Dieu, a dit le père Julien. Le père et son fils se sont réconciliés. Dieu accepte tous ceux qui décident de changer complètement leur vie. Il n'est jamais trop tard pour prendre un nouveau départ. On est toujours les bienvenus dans la famille de Dieu. Bien que Dieu veut que nous fassions le bien, il nous aime même quand nous faisons des erreurs. »

Pendant l'offrande, ils ont chanté un hymne de John Newton, « Grâce infinie ». Quand il a entendu « J'étais perdu, errant de lieu en lieu quand Il m'a retrouvé », Jean a compris que l'hymne avait été bien choisi. Il s'est rendu compte que, comme la parabole, l'hymne disait que l'on peut tous se tourner vers Dieu et être accepté même si on a fait des erreurs. ❖

Écriture sainte
Nouveau Testament

Le fils perdu et retrouvé

Jésus dit encore : « Un homme avait deux fils. Le plus jeune dit à son père : "Mon père, donne-moi la part de notre fortune qui doit me revenir." Alors le père partagea ses biens entre ses deux fils. Peu de jours après, le plus jeune fils vendit sa part de la propriété et partit avec son argent pour un pays éloigné. Là il vécut dans le désordre et dissipa ainsi tout ce qu'il possédait. Quand il eut tout dépensé, une grande famine survint dans ce pays, et il commença à manquer du nécessaire. Il alla donc se mettre au service d'un des habitants du pays, qui l'envoya dans ses champs garder les cochons. Il aurait bien voulu se nourrir des fruits du caroubier que mangeaient les cochons, mais personne ne lui en donnait. Alors, il se mit à réfléchir sur sa situation et se dit : "Tous les ouvriers de mon père ont plus à manger qu'il ne leur en faut, tandis que moi, ici, je meurs de faim ! Je veux repartir chez mon père et je lui dirai : Mon père, j'ai péché contre Dieu et contre toi, je ne suis plus digne que tu me regardes comme ton fils. Traite-moi donc comme l'un de tes ouvriers." Et il repartit chez son père.

« Tandis qu'il était encore assez loin de la maison, son père le vit et en eut profondément pitié : il courut à sa rencontre, le serra contre lui et l'embrassa. Le fils lui dit alors : "Mon père, j'ai péché contre Dieu et contre toi, je ne suis plus digne que tu me regardes comme ton fils..." Mais le père dit à ses serviteurs : "Dépechez-vous d'apporter la plus belle robe et mettez-la-lui ; passez-lui une bague au doigt et des chaussures aux pieds. Amenez le veau que nous avons engraissé et tuez-le ; nous allons faire un festin et nous réjouir, car mon fils que voici était mort et il est revenu à la vie, il était perdu et je l'ai retrouvé." Et ils commencèrent la fête.

« Pendant ce temps, le fils aîné de cet homme était aux champs. À son retour, quand il approcha de la maison, il entendit un bruit de musique et de danses. Il appela un des serviteurs et lui demanda ce qui se passait. Le serviteur lui repondit : "Ton frère est revenu, et ton père a fait tuer le veau que nous avons engraissé, parce qu'il a retrouvé son fils en bonne santé. » Le fils aîné se mit alors en colère, et refusa d'entrer dans la maison. Son père sortit pour le prier d'entrer. Mais le fils répondit à son père : "Écoute, il y a tant d'années que je te sers, sans avoir jamais désobéi à l'un de tes ordres. Pourtant tu ne m'as jamais donné même un chevreau pour que je fasse la fête avec mes amis. »

Luc 15. 11-29

Le retour du fils prodigue, 1997, He Qi

▶ Dans cette illustration de la parabole que tu viens de lire, comment l'artiste exprime-t-il les sentiments des personnages ?

Le retour de l'enfant prodigue, 1772, Benjamin West

❑ Jean a remarqué des ressemblances entre la chanson « Grâce infinie » et la parabole du fils prodigue. Quelles sont ces ressemblances ?

❑ Dans la parabole, le père et le fils se sont réconciliés. Avec tes camarades de classe, discute du sens du mot réconcilier dans le contexte de l'histoire et d'après tes propres expériences.

❑ Qu'est-ce que Jean apprend au sujet du pardon, de la réconciliation et de la justice dans la parabole du fils prodigue ?

Activité créatrice

❑ La parabole du fils prodigue a inspiré des artistes à travers les âges. Remarque les dates des tableaux qui illustrent cette histoire dans ton manuel. Quelles ressemblances remarques-tu entre ces tableaux ? Et quelles différences ? Illustre une fête qu'on peut organiser pour le retour de quelqu'un, de nos jours. Compare ton illustration avec celles de cette histoire.

Réflexion

❑ Le pardon est une expression très importante des croyances religieuses. On peut recevoir le pardon de Dieu même si on n'a pas l'impression de le mériter. Souviens-toi d'une fois où tu as pardonné à quelqu'un ou quelqu'un t'a pardonné. Écris ce que tu as ressenti.

Retour en arrière

Les histoires de cette partie montrent ce que les gens ressentent lorsqu'ils retournent chez eux. Parfois, c'est un moment qui apporte beaucoup de joie à ceux qui arrivent et à ceux qui attendaient à la maison. Parfois, c'est très différent de ce qu'on imaginait.

Les phrases suivantes sont extraites des histoires que tu as lues dans cette partie. Essaie d'identifier la personne qui s'exprime ou le personnage dont on parle dans la phrase. Que ressent ce personnage à son retour ? Pourquoi ?

- « Je sais que l'Inde et tous les amis que j'ai rencontrés ici vont me manquer. Mais j'ai hâte de rentrer. »

- « Bernard est en vacances ici et il vient manger avec nous. »

- « Mon père, j'ai péché contre Dieu et contre toi, je ne suis plus digne que tu me regardes comme ton fils. »

- « Dans mes épreuves et mes labeurs, suffisante est sa grâce. Je peux toujours compter sur sa faveur à chaque heure qui passe. »

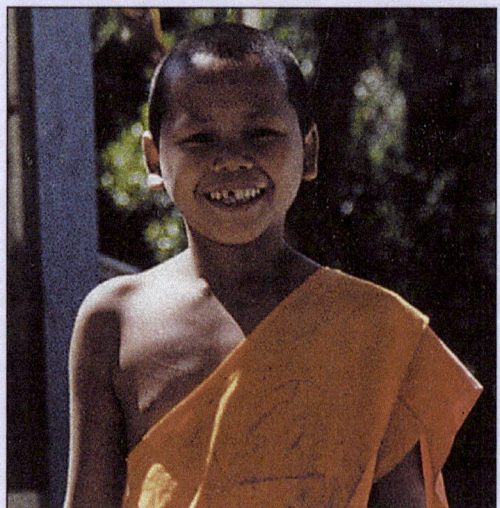

Des liens

Deuxième partie

Soupe au lait !

En bref — Christelle et Anne doivent décider si elles peuvent se pardonner.

Christelle et Anne faisaient toutes les deux partie de l'équipe de volley-ball de l'école. L'équipe s'entraînait dans le gymnase tous les mercredis après l'école. Ce jour-là, après avoir pris une collation et un verre d'eau, les filles se sont changées et sont allées dans le gymnase en courant. Leur entraîneuse, Mme Petit, y était déjà.

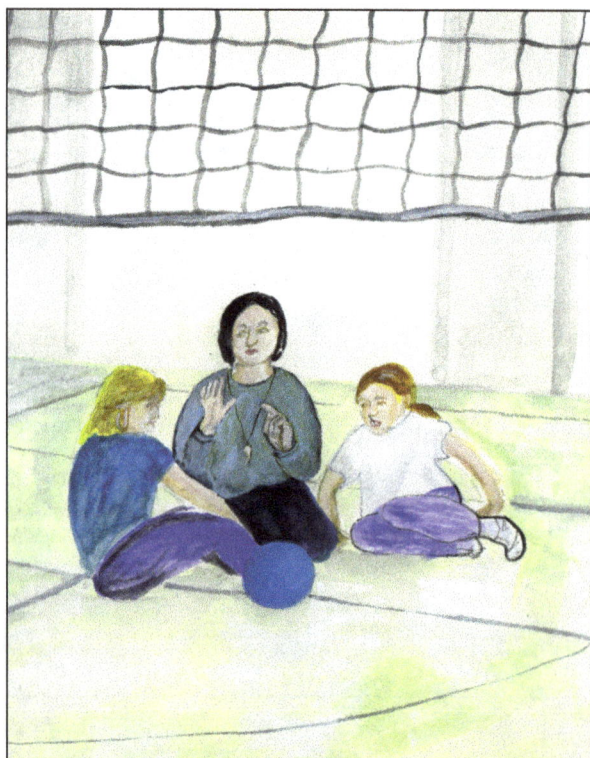

« Très bien, les filles, a dit l'entraîneuse, faites cinq fois le tour du gymnase pour vous réchauffer. Ensuite, prenez des tapis et faites des étirements. »

Après la période de réchauffement, Mme Petit a demandé aux filles de former deux équipes pour faire un match. Christelle et Anne aimaient beaucoup cette partie de l'entraînement. Aujourd'hui, l'entraîneuse les a mises dans la même équipe. Il n'a pas fallu longtemps avant que tout le monde soit pris par le jeu. Le gymnase était rempli de cris d'encouragement.

Christelle et Anne jouaient près du filet. Leur grandeur et leur vitesse leur donnaient un avantage pour renvoyer le ballon. Le ballon était en jeu depuis un bon moment quand il est arrivé près du filet. Les deux filles ont crié : « Je l'ai » et ont plongé sur le ballon. Elles se sont frappées en faisant un grand bruit et le ballon est tombé au sol.

Christelle et Anne étaient assises par terre, étourdies. Mme Petit est venue vers elles. « Êtes-vous blessées ? » a-t-elle demandé.

Elles s'étaient frappées la tête si fort qu'elles avaient des larmes aux yeux mais elles ne pleuraient pas.

Elles ont ignoré la question de Mme Petit et se sont regardées avec méchanceté.

« Pourquoi as-tu fait ça ? a crié Christelle, je l'avais. »

« Que veux-tu dire ? a répondu Anne, en colère. J'étais plus proche. C'était mon ballon et tu le sais très bien. »

« Ça suffit ! a dit Mme Petit d'un ton tranchant. Anne, va te changer et rentre à la maison. Christelle, calme-toi avant de rentrer chez toi. »

Les filles se sont levées et sont parties chacune de leur côté. Elles n'ont pas dit un mot mais on lisait la colère sur leurs visages.

En rentrant à la maison, tout se bousculait dans la tête de Christelle. Elle était encore en colère contre Anne qui lui avait fait rater le ballon. Ça n'aurait pas dû se passer comme ça.

Elle a monté l'escalier en faisant du bruit et a claqué la porte derrière elle. Son père est arrivé dans son fauteuil roulant.

« Pourquoi es-tu si en colère ? » a-t-il demandé.

« Pour rien », a répondu Christelle en se précipitant dans sa chambre. Elle s'est jetée sur son lit, toujours aussi fâchée.

« Christelle, a-t-il demandé en frappant doucement à sa porte. Que se passe-t-il ? »

Christelle a ouvert la porte et a raconté toute l'histoire à son père. Après avoir fini, elle s'est rendu compte qu'elle n'était plus fâchée. En fait, elle se sentait coupable de la façon dont elle s'était conduite.

Quand elle a terminé, il lui a dit : « Tu es très malheureuse, n'est-ce pas ? »

Christelle a fait oui de la tête.

« Il n'y a qu'une chose qui va te permettre d'aller mieux. Trouve en toi la force de pardonner. »

« Tu veux dire pardonner comme tu l'as fait à celui qui t'a renversé ? » a demandé Christelle. Son père avait été

Écriture sainte

Ancien Testament

Le héros véritable est celui qui vainc sa colère. Il vaut mieux être maître de soi que maître d'une ville.

Proverbes 16. 32

Nouveau Testament

Si vous vous mettez en colère, ne péchez pas ; que votre colère s'apaise avant le coucher du soleil. Ne donnez pas au diable l'occasion de vous dominer.

Éphésiens 4. 26-27

blessé l'été précédent. La voiture d'un nouveau conducteur était montée sur le trottoir et l'avait coincé contre un bâtiment. Il se remettait très lentement et souffrait beaucoup.

« Oui, a répondu son père. C'est une des grandes leçons que Jésus nous enseigne. Il nous a appris à présenter l'autre joue et sa vie nous sert d'exemple. Il a toujours pardonné à tous ceux qui l'ont blessé. L'Évangile nous dit que même au moment de sa mort, il a pardonné à ses ennemis. »

« Je suppose que je devrais téléphoner à Anne, a dit Christelle. C'est mon amie et je ne veux pas que nous soyons fâchées. »

« Tu as raison, ma fille », a dit son père. Comme on le dit dans la Bible, ta colère ne doit pas voir le soleil se coucher. »

Christelle a pris le téléphone et a composé le numéro de son amie. La mère d'Anne a répondu.

« Bonjour, c'est Christelle. Est-ce que je peux parler à Anne, s'il vous plaît ? » a-t-elle demandé.

« Mais bien sûr, a répondu Mme Guinchard. Attends un instant, je vais la chercher. »

Christelle était nerveuse. Peut-être qu'Anne était toujours fâchée et ne voudrait pas lui parler.

« Bonjour Christelle », a dit Anne en répondant au téléphone.

« Bonjour Anne ! Je voulais seulement te dire que je suis désolée d'avoir crié comme ça. » Christelle a attendu la réponse d'Anne.

« Je suis désolée moi aussi. Et je suis contente que tu me téléphones, a dit Anne. Je ne veux plus que nous soyons fâchées. J'ai dit à ma mère que j'étais fâchée contre toi et elle m'a dit quelque chose qui m'a fait pensé à ce qui s'est passé cet après-midi. »

« Qu'a-t-elle dit ? » a demandé Christelle. Elle était soulagée qu'Anne lui pardonne.

« Ma mère est bouddhiste et elle m'a dit qu'une des leçons du Bouddha disait qu'il faut vaincre sa colère par l'amour. Elle a dit que Bouddha enseigne qu'on devrait agir avec bonté et compassion, pas par colère. Après avoir parlé, j'ai compris que je ne voulais pas perdre ton amitié pour un accident de volley-ball. J'étais fâchée, mais c'est bien plus important que tu sois mon amie. »

« Je suis heureuse que tu penses comme ça, a répondu Christelle, parce que je pense comme ça aussi. » ❖

Écriture sainte
Enseignement bouddhiste

*N*ous devrions vaincre la colère par la gentillesse.

Dhammapada 223

Discussion

❑ Pourquoi est-ce qu'Anne et Christelle sont si fâchées ? Serais-tu fâché si tu avais le même genre d'expérience ? Que ferais-tu ?

❑ Lis les écritures saintes des pages 67 et 68. Qu'est-ce qu'elles nous enseignent ? Applique ces enseignements à la situation dans laquelle se trouvent Christelle et Anne.

❑ Pourquoi Christelle et Anne se pardonnent-elles ?

Activité créatrice

❑ Fais un jeu de rôle avec deux camarades dans lequel Christelle ou Anne donne des conseils à deux amis qui ont un désaccord. Quels conseils pourrait-elle leur donner ?

La posada

En bref

Mme Leblanc partage son expérience d'une tradition chrétienne au Mexique.

Mme Leblanc avait écrit au tableau « Traditions de Noël ». C'était un après-midi du début du mois de décembre. Jean a souri en voyant ce titre. Il connaissait bien Mme Leblanc et se doutait qu'elle parlerait de certaines traditions de Noël peu connues.

Une crèche montre la naissance de Jésus dans l'étable.

« Jusqu'à la fin du mois, a commencé Mme Leblanc, nous prendrons une partie de chacune de nos classes d'enseignement religieux pour parler de certaines choses que font les chrétiens chaque année pour célébrer la naissance de Jésus. Mais, ce qui est le plus important, nous allons étudier pourquoi les chrétiens font ça et nous verrons comment ils expriment la foi chrétienne. »

« Ça a l'air intéressant », a dit Anne.

« Tant mieux, a répondu Mme Leblanc, parce que j'espère que vous allez partager les informations sur les traditions de Noël que vous connaissez. J'espère que certains d'entre vous feront des recherches. »

Il y a eu une discussion enthousiaste sur la manière dont ça se passerait dans les semaines à venir.

Puis Mme Leblanc a dit : « Je vais commencer par vous lire une partie d'une histoire de Noël que les chrétiens entendent chaque année. C'est un passage de Luc. »

Écriture sainte
Nouveau Testament

Joseph lui aussi partit de Nazareth, un bourg de Galilée, pour se rendre en Judée, à Bethléem, où est né le roi David ; en effet, il était lui-même un descendant de David. Il alla s'y faire enregistrer avec Marie, sa fiancée, qui était enceinte. Pendant qu'ils étaient à Bethléem, le jour de la naissance arriva. Elle mit au monde un fils, son premier-né. Elle l'enveloppa de langes et le coucha dans une crèche, parce qu'il n'y avait pas de place pour eux dans l'abri destiné aux voyageurs.

Luc 2. 4-7

« Les chrétiens connaissent l'histoire de Joseph et de Marie qui cherchent un abri parce que leur bébé va naître, a dit Mme Leblanc. C'est ce qui a inspiré une tradition de Noël au Mexique. »

« Avez-vous visité le Mexique ? » a demandé Deepak.

« Oui, une fois j'ai visité le Mexique avec mon amie Betty. Certains la connaissent peut-être sous le nom de Révérende Hann. La célébration dont je veux vous parler s'appelle la *posada*. »

Avant de continuer, Mme Leblanc a écrit le nom de la célébration au tableau.

« Voici comment ça se passe au Mexique. Deux enfants sont choisis pour enlever les personnages de Marie et Joseph de la crèche de l'église. Puis, une parade d'enfants et d'adultes, portant des lumières et chantant, quitte l'église. Ils transportent les personnages de maison en maison en faisant semblant de chercher une chambre à l'auberge. Ils frappent à la porte de chaque maison, mais pour respecter la tradition, on refuse de les accueillir.

❖ ❖ ❖

La posada
(po sa da)

La posada est une tradition mexicaine qui raconte comment Joseph et Marie ont cherché un abri la nuit où Jésus est né. Le mot espagnol « posada » veut dire auberge ou logement.

« Finalement, ils arrivent dans une maison où ils sont les bienvenus. C'est prévu à l'avance. Ils entrent et posent les personnages de la crèche sur une table pour créer une scène de la nativité. Le personnage du petit Jésus est mis seulement la nuit de Noël. Puis tous les personnages sont placés dans une crèche qui est dans l'église. On dit des prières et puis on fait une fête de la *piñata*. »

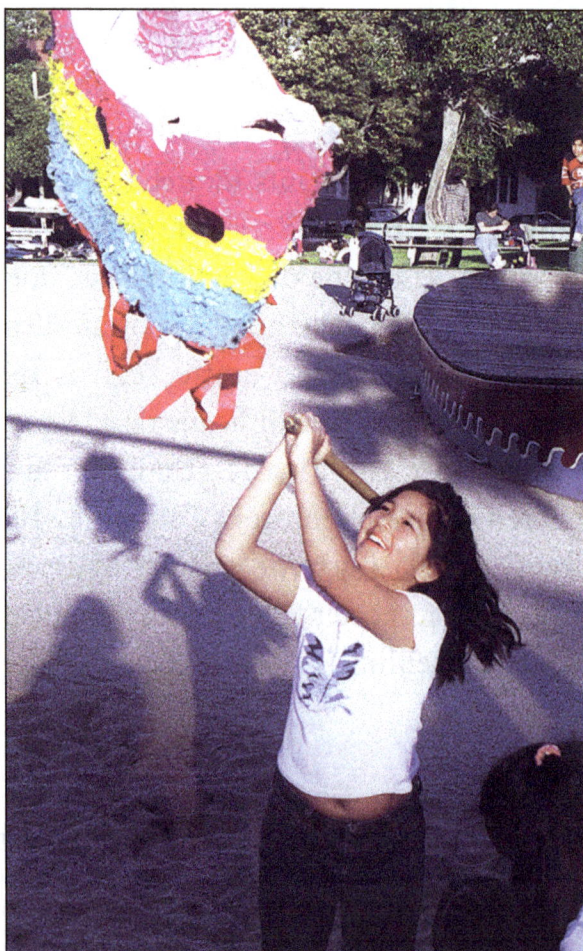

La piñata
(pi nia ta)

La piñata est souvent associée aux fêtes mexicaines.

« Qu'est-ce c'est la fête de la piñata ? » a demandé Kirpal.

« Oh, a dit Mme Leblanc. Une piñata est généralement un animal en carton, rempli de bonbons. Elle est suspendue au plafond. On bande les yeux de quelqu'un, on le fait tourner plusieurs fois et on lui donne un bâton. Le but est de frapper la piñata assez fort pour que les bonbons tombent. Tout le monde applaudit quand la piñata est finalement cassée. On se précipite pour ramasser les bonbons. »

« Ça a l'air amusant », a dit Alice.

« Ah oui ! a dit Mme Leblanc en riant. Je voulais vous parler parce que la révérende Hann va organiser une posada dans son église cette année. Elle sera un peu différente de la version mexicaine, alors j'imagine qu'on pourrait appeler ça une posada canadienne. La révérende Hann a pensé que ce serait une bonne idée de se souvenir du jour où Joseph et Marie cherchaient un abri avant la naissance de Jésus. En plus, les gens de l'église seront heureux de se retrouver pendant les fêtes de Noël. »

Mme Leblanc a continué : « Voici comment cela se déroulera. Pour certains chrétiens les quatre semaines avant Noël s'appellent l'Avent.

« Pendant cette période, les membres de l'église vont mettre en scène le voyage de Joseph et Marie. Ils prendront les personnages de Marie et Joseph dans la crèche de l'église et les emporteront de maison en maison.

« Quand ils arriveront dans la maison de la famille qui accueille le rassemblement, ils laisseront les personnages et un petit cadeau. Le lendemain soir, cette famille ira à pied emmener les personnages chez la prochaine famille. Là, ils feront une prière ensemble, chanteront et mangeront quelque chose.

« Les visites continueront jusqu'à la veille de Noël. Puis, les personnages de Joseph et Marie seront remportés à l'église avec l'enfant Jésus. La crèche reste ainsi jusqu'à ce que les personnages des rois mages arrivent le dimanche le plus proche de la fête de l'**Épiphanie**.

« Alors, a dit Mme Leblanc, pouvez-vous me dire comment une tradition comme la posada aide les chrétiens à exprimer leurs convictions au sujet de Noël ? »

« Eh bien, a dit Jean, il y a des cadeaux et nous en donnons à Noël pour rappeler Jésus, le cadeau que Dieu a offert au monde. »

L'Adoration des Mages, 1510, Hieronymous Bosch

❖ ❖ ❖

L'Épiphanie

Le 6 janvier est la fête de l'Épiphanie, le jour où les chrétiens se souviennent de la présentation de Jésus au monde entier. Dans l'histoire de la Bible, les rois mages, qui sont venus de très loin en Extrême Orient, représentent le monde entier. Le mot épiphanie vient de la langue grecque et veut dire apparaître. Les chrétiens croient que l'Épiphanie est la présentation de Jésus au monde en tant que fils de Dieu.

Pendant la période de Noël, les chrétiens rendent souvent visite à leur famille et leurs amis.

« Et il y a beaucoup de visites. Je pense que nous croyons à l'importance de se retrouver pour célébrer pendant la période de Noël », a ajouté Christelle.

« Certainement, a répondu Mme Leblanc. Les visites de maison en maison permettent aux familles de partager la joie de Noël. Et, dans la religion chrétienne, on croit que l'on doit s'aider les uns les autres. La recherche d'un abri nous rappelle que, même aujourd'hui, il y a des gens qui sont sans abri et qui ont besoin de notre aide. Alors, qu'en pensez-vous ? »

Les enfants n'avaient jamais entendu parler de la posada, mais ils pensaient que c'était une belle tradition, surtout la fête de la piñata.

« Est-ce qu'on pourrait faire notre propre piñata ? » a demandé Jean.

« C'est une très bonne idée, a dit Mme Leblanc. On pourrait faire une piñata pour la fête de notre classe. » ❖

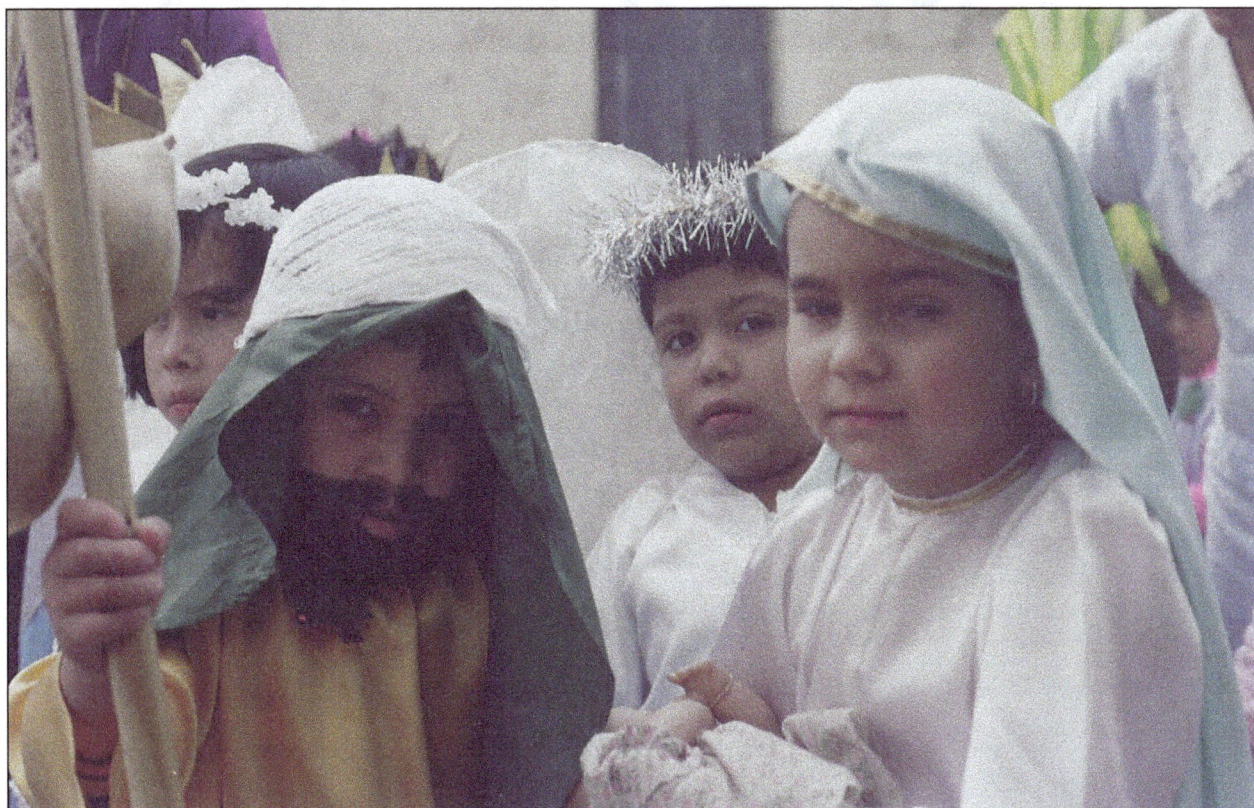

Des enfants célèbrent la fête de la posada.

Discussion

❑ Pour les chrétiens, une partie de la fête de Noël consiste à se rassembler pour prier et célébrer la fraternité. Avec tes camarades de classe, discute du sens que tu donnes au mot fraternité.

Réflexion

❑ La visite de Mme Leblanc au Mexique a été un événement majeur de sa vie. Cite les événements majeurs dans ta vie ou dans la vie de ta famille. Quelle influence ces événements ont-ils eue sur toi ?

Activité créatrice

❑ Fais une série de dessins qui illustrent la tradition chrétienne du Mexique que Mme Leblanc partage avec sa classe.

La quête de Noël

En bref

Christelle, Anne et Janine découvrent comment, pendant les fêtes de Noël, les gens prennent soin de ceux qui sont dans le besoin.

Un samedi, peu avant Noël, Anne et Christelle s'étaient levées de bonne heure et se préparaient à aller au centre commercial comme beaucoup de gens. Mais, elles avaient un but différent. Elles transportaient beaucoup de jouets.

Chaque année, les pompiers de St. John's réparent des jouets et les donnent aux enfants. Depuis des semaines, les filles avaient trié leurs affaires et cherché des jouets qu'elles pourraient donner aux pompiers pour qu'ils les réparent. Aujourd'hui, elles se sentaient bien en pensant qu'elles rendraient des enfants heureux le matin de Noël.

En quittant le dépôt de jouets, elles ont repensé à l'autre chose qu'elles voulaient faire au centre commercial. La piñata qu'ils fabriquaient en classe était presque terminée. Anne et Christelle devaient acheter les bonbons à mettre à l'intérieur. Devant le supermarché, elles ont vu un visage familier.

C'était Janine, une de leurs camarades de classe. Elle était avec sa sœur aînée, Adrianne, qui portait son uniforme de l'Armée du Salut. Janine était bien habillée. Elle avait une clochette à la main et à côté d'elle, il y avait un récipient en plastique transparent dans lequel des gens avaient déposé de l'argent.

« Allons dire bonjour à Janine », a suggéré Anne.

Janine et Adrianne ont souri quand elles ont vu Anne et Christelle s'approcher d'elles.

« Eh ! qu'est-ce que vous faites ? » a demandé Christelle.

« J'aide ma sœur. Elle fait partie des cadets de l'Armée du Salut. Elle s'est portée volontaire pour travailler ici pendant la quête de Noël. »

Adrienne a continué : « Comme les autres églises chrétiennes, l'Armée du Salut fait un effort spécial en cette période de l'année pour aider les gens dans le besoin. Nous faisons beaucoup au cours de l'année aussi afin d'offrir un abri et de la nourriture aux sans-abri. La quête de Noël est devenue une tradition importante dans notre église et j'ai décidé que je voulais y

Des bénévoles offrent des cadeaux le matin de Noël.

participer cette année. Je sais que d'autres églises font aussi des choses. »

« Je trouve que c'est formidable ! a répondu Christelle. Mon église organise aussi des événements tout au long de l'année pour obtenir des fonds, surtout dans le temps de Noël. Beaucoup de familles ont besoin de vêtements et de nourriture et elles n'ont pas l'argent pour acheter beaucoup de nouvelles choses. Ma famille participe chaque année. »

« Et que faites-vous ? » a demandé Anne.

« Eh bien, a dit Christelle, nous faisons des collectes de nourriture, de pâte dentifrice et de savon. Nous faisons des paniers pour les familles. Il y a une boîte pour les dons où les gens peuvent y mettre des paquets de nourriture quand ils vont à l'église. Il y a aussi un repas gratuit le jour de Noël pour tous ceux qui veulent venir. »

« J'ai vu des boîtes pour les dons partout, a dit Janine. On dirait que beaucoup de gens font des dons de nourriture en ce moment. Mais il y en a toute l'année. »

« C'est vrai, a dit Anne. En tant que bouddhistes, nous ne célébrons pas Noël dans ma famille, mais mes parents achètent quelque chose pour la banque alimentaire lorsqu'ils font leur épicerie. Ma mère est aussi bénévole dans une soupe populaire. Les bénévoles préparent et servent des repas gratuits pour les gens qui en ont besoin. Ils sont très occupés à cette période de l'année. »

« Il y a vraiment beaucoup de gens qui font des achats aujourd'hui », a dit Janine. Les filles ont regardé les gens qui s'affairaient avec leur épicerie et leurs sacs.

« Eh ! ça me rappelle quelque chose que fait mon église. Nous avons un dépôt de vêtements », a dit Christelle.

« Un dépôt de vêtements ? » a demandé Janine.

« Nous prenons tous les vêtements en bon état que nous ne portons plus et nous les emmenons à l'église. L'église donne les vêtements aux gens qui en ont besoin. Quelquefois, les vêtements vont à des familles dans le besoin ou à des magasins de seconde main », a expliqué Christelle.

« C'est une bonne idée. Est-ce que je peux y participer même si je ne fais pas partie de ton église ? a demandé Anne. Je crois que j'ai des vêtements que je ne porte plus qui seraient bien pour quelqu'un d'autre. Je serais contente de savoir que quelqu'un qui en a besoin les porte. »

Les collectes font partie de la saison des fêtes dans beaucoup de communautés.

« Bien sûr ! Tu peux participer même si tu ne fais pas partie de notre assemblée. Les gens de différentes religions donnent de la nourriture et des vêtements toute l'année. Et, il n'y a pas besoin d'être chrétien pour recevoir de la nourriture et des vêtements. »

« C'est la même chose avec l'Armée du Salut, a dit Janine. Des tas de gens donnent de l'argent pendant les fêtes. Et tout le monde peut aller dans les banques alimentaires, recevoir des vêtements ou de la nourriture ou aller acheter dans des magasins de seconde main. »

Les filles ont parlé ensemble pendant quelques minutes puis Christelle et Anne ont dit au revoir à Janine et elles ont continué leur promenade dans le centre commercial. Elles ont continué à penser à tous les gens qui font des projets pour aider ceux qui sont dans le besoin pendant la période de Noël. ❖

Beaucoup de bénévoles donnent du temps et de l'énergie pendant la période de Noël pour organiser la campagne Arbre de Noël. Cette campagne permet d'offrir des cadeaux aux enfants qui n'en auraient pas autrement.

Opération Enfant Noël

Opération Enfant Noël envoie un message d'espoir aux enfants qui sont dans des situations désespérées partout dans le monde en envoyant des boîtes à chaussures pleines de cadeaux et des brochures sur le christianisme. Ce programme offre la chance à des gens de tous les âges de s'impliquer dans un projet simple. C'est une mission qui atteint les enfants qui souffrent. Elle est en harmonie avec le vrai sens de Noël. En 2001, plus de cinq millions de boîtes à chaussures ont été ramassées dans le monde et elles ont été distribuées à des enfants d'environ 95 pays.

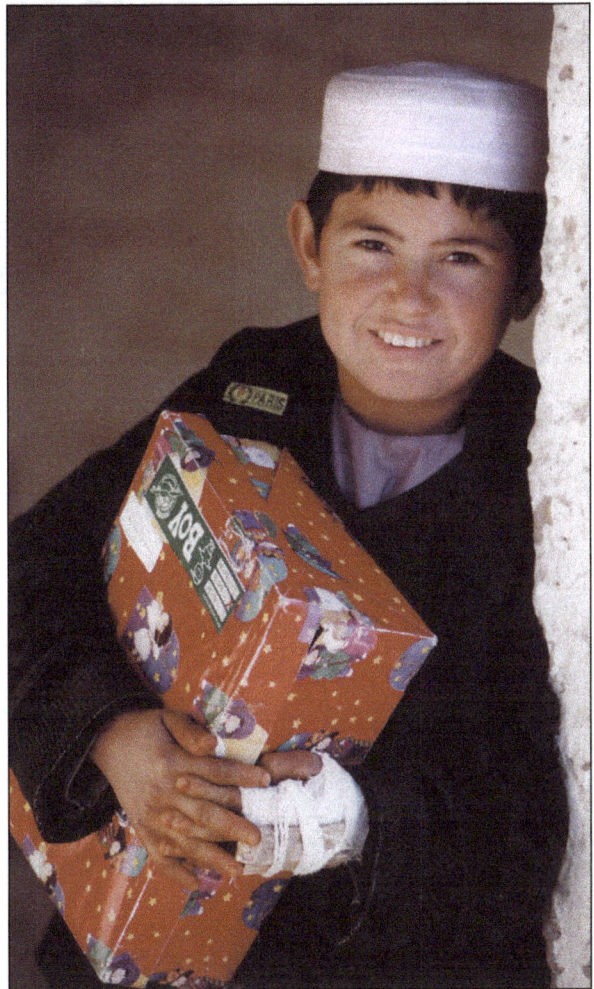

Allons plus loin

❏ Avec tes camarades de classe, dresse une liste des projets et des événements qui ont lieu à Noël, là où tu habites, pour aider les gens qui sont dans le besoin. Essaie de trouver le nom de la personne ou du groupe responsable de ces projets.

❏ Cherche comment les gens de différentes religions s'occupent de ceux qui sont dans le besoin.

❏ Identifie un besoin particulier, dans ta ville ou ton village, auquel tu voudrais répondre. Avec l'aide de ton enseignant, prépare un projet pour répondre à ce besoin.

❏ Qu'est-ce que Christelle, Anne et Janine ont appris au sujet du travail des gens de différentes religions ?

Le secret de Roger

En bref — Jean et Deepak découvrent l'importance de la loyauté et de la confiance.

Jean, Deepak et Roger préparaient ensemble un projet pour la classe de sciences humaines. En quittant la salle de classe un après-midi, Jean a appelé Roger. « Est-ce que nous allons chez toi pour préparer notre projet ? »

« Je suis désolé, mais Maman a dit que je ne peux inviter personne à la maison aujourd'hui », a répondu Roger. Sa voix était calme, mais il avait l'air mal à l'aise.

Deepak et Jean étaient surpris. Ils avaient prévu travailler chez Roger. « Qu'est-ce qui se passe ? » ont-ils demandé.

Roger a regardé autour de la classe en cherchant une réponse. « Je ne peux pas en parler. » Ils ont vu que Roger était malheureux.

« Ne t'inquiète pas, nous sommes tes amis. Tu peux nous parler », a dit Deepak.

Roger a mis ses mains dans ses poches et a regardé ses pieds. « C'est simplement que… Il a hésité avant de continuer à parler. Vous me promettez que vous ne direz rien à personne, même pas aux garçons de l'équipe de ballon-panier ? » a demandé Roger d'un air inquiet.

Ils ont promis.

Roger a commencé. « C'est mon père. Il a perdu son emploi juste après Noël et maintenant il n'est pas en forme. Il n'est pas lui-même. Il ne veut pas que je reçoive des gens à la maison. Il est assis toute la journée et il ne fait rien. Maman est très inquiète. »

Jean et Deepak ne savaient pas quoi répondre. Jean voulait rassurer son ami alors il a dit : « Ne t'inquiète pas, je comprends. » Mais il ne comprenait pas vraiment. Son père, lui, n'avait jamais perdu son emploi. Que ferait sa famille si cela arrivait ? Jean était perdu dans ses pensées et il essayait d'imaginer ce que ce serait.

Tout à coup, il a entendu Roger lui parler : « N'oublie pas, je te fais confiance. Ne dis rien à personne. »

« Allons finir le projet chez moi », a dit Jean.

C'était déjà l'heure du souper quand Roger est parti de chez Jean. Deepak est resté pour le souper.

« Je croyais que tu rentrerais plus tard aujourd'hui. Je pensais que tu irais chez

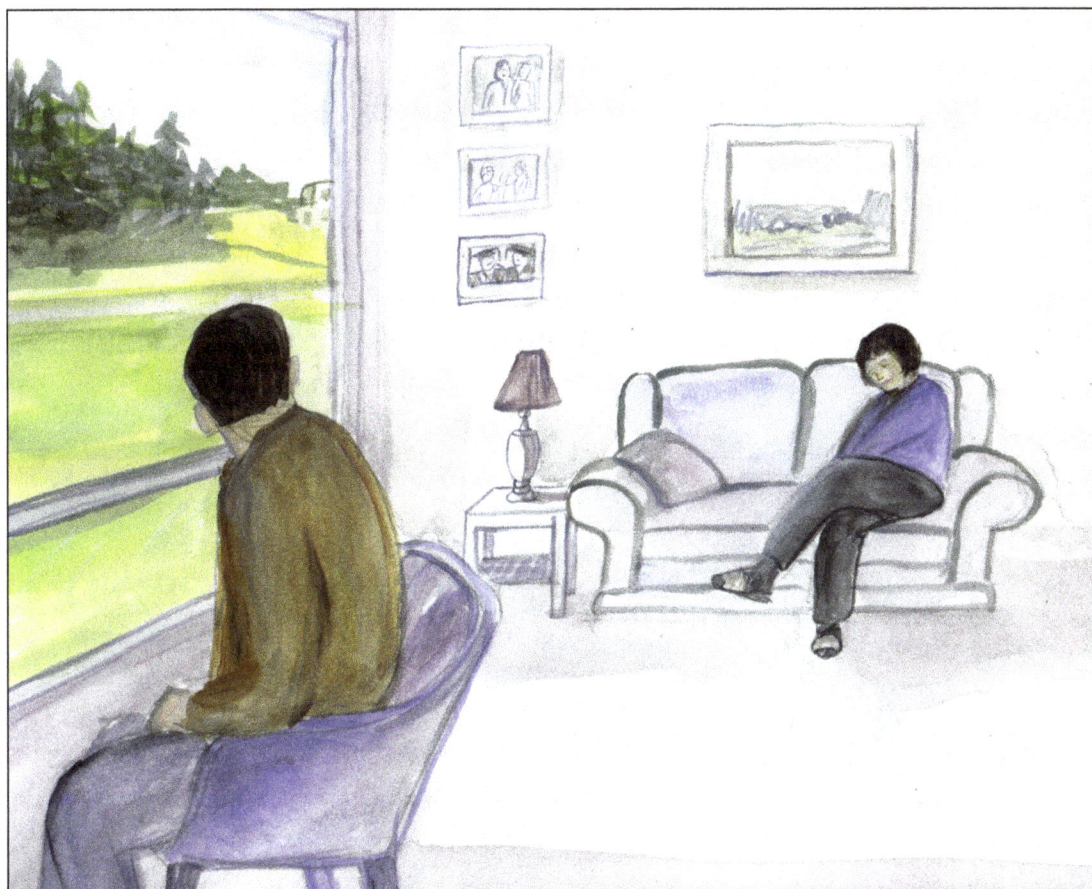

Roger pour préparer ton projet », a dit la mère de Jean en rentrant à la maison.

« On en avait l'intention mais sa mère a dit qu'on ne pouvait pas y aller aujourd'hui », a répondu Jean.

« Ah bon, pourquoi ? » a demandé sa mère.

« Je ne sais pas », a répondu Jean d'un air confus en haussant les épaules. Deepak a gardé le silence.

Jean s'est dirigé vers le réfrigérateur et s'est versé un verre de lait. En s'asseyant à la table, il s'est tourné vers sa mère.

« En fait, je sais pourquoi. Roger nous l'a dit. »

« Alors dis-moi. Pourquoi n'es-tu pas allé chez lui ? a demandé sa mère. Que s'est-il passé ? »

« Maman, il ne s'est rien passé. C'est simplement… » Jean a hésité et il s'est tu. Deepak a fini sa phrase. « C'est simplement que nous avons promis de ne pas dire le secret de Roger. »

Après un moment, Mme Aucoin s'est assise à côté de Jean et de Deepak.

Quand les gens sont tristes ou confus, ils se sentent souvent seuls et ne savent pas à qui parler.

« Je comprends, a-t-elle dit. Roger s'est confié à vous. Il ne faut pas me dire le secret de Roger, mais si je peux faire quelque chose, vous savez que vous pouvez venir me voir. »

« Je sais, mais quelquefois, c'est difficile de savoir quoi faire pour aider, a dit Jean. Qu'est-ce qu'on peut faire ? »

« Et votre foi ? Est-ce vous pouvez penser comment elle pourrait vous aider ? » a demandé Mme Aucoin.

Deepak a répondu : « L'hindouisme insiste sur le devoir et l'honneur. Si on fait les choses essentielles, comme s'occuper de sa famille, de ses amis et des gens autour de soi, c'est la meilleure façon de vénérer Dieu. La meilleure chose que je peux faire c'est d'être l'ami de Roger et de respecter ses sentiments. »

« Je crois que tu as raison. Et toi, Jean ? » a demandé sa mère.

« Jésus a dit de faire aux autres ce que tu veux qu'ils te fassent, n'est-ce pas ? »

« Exactement, a répondu sa mère. Essaie de te mettre à la place de Roger. Que voudrais-tu qu'un ami fasse ? »

« Je crois que je voudrais que quelqu'un reste près de moi et qu'il soit là si j'avais besoin de lui parler. »

« Vous avez de bonnes idées. Pensez-vous que vous pouvez faire ça pour Roger ? »

« Certainement ! ont répondu Jean et Deepak. Bien sûr que nous pouvons faire ça. » ❖

Écriture sainte
Enseignement hindou

*A*yez de bonnes intentions en tête pour accomplir des actes nobles.

Yajur Veda

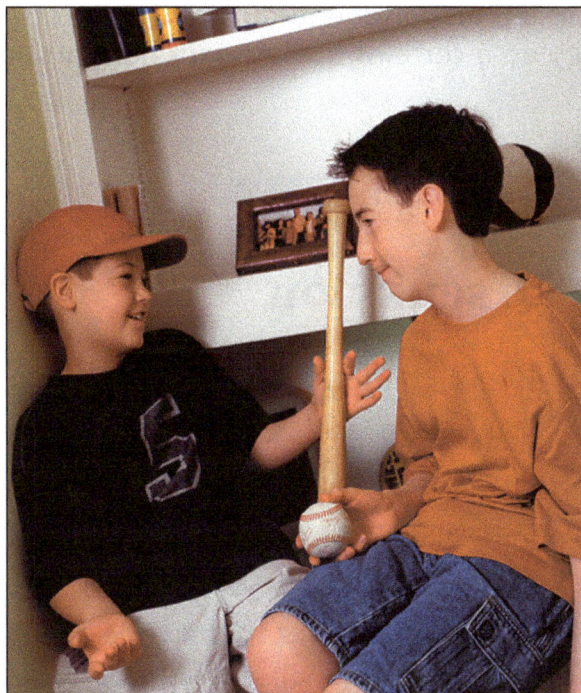

En parlant et en écoutant, les amis aident à comprendre les sentiments des uns et des autres.

Les jeunes partagent souvent des secrets. Il est important de garder certains secrets, mais il y en a certains qu'il ne faut pas garder.

Discussion

❑ Roger confie un secret de famille à Jean et Deepak. Avec tes camarades de classe, discute de ce que veut dire faire confiance à quelqu'un. De quelles façons Jean et Deepak peuvent-ils être de bons amis pour Roger ? De quelle manière peuvent-ils aider Roger dans ce moment difficile ?

❑ Quand est-ce qu'on ne devrait pas garder des secrets ? Quels genres de secrets ne doivent pas être gardés ? Qui peux-tu aller voir si tu connais un secret qui ne doit pas être gardé ?

Un coin tranquille

En bref Christelle découvre certaines croyances et pratiques essentielles du bouddhisme.

Christelle et Anne avaient toutes les deux reçu un peu d'argent de leur famille pour Noël. Elles l'avaient gardé pour le dépenser au moment des ventes de janvier. Elles avaient passé un très bon après-midi. Les filles bavardaient en attendant que la mère d'Anne vienne les chercher.

« Je suis contente d'avoir attendu les ventes », a dit Anne.

« Moi aussi, a dit Christelle. Normalement, ces livres coûtent deux fois plus que ce que nous avons payé. Ce magasin est vraiment intéressant. As-tu remarqué ces statuettes dans un petit coin dans le fond du magasin ? » a demandé Christelle.

« Tu veux dire les statuettes du Bouddha ? a demandé Anne. Je connais la dame de ce magasin. Elle est dans le groupe de méditation de ma mère. Je suppose qu'elle a ces statuettes car elle s'intéresse au bouddhisme. »

« Qu'est-ce que c'est la méditation ? » a demandé Christelle.

« Je vais demander à maman de t'en parler », a répondu Anne.

Quand elles sont arrivées chez Anne pour manger, les filles ont senti une bonne odeur de pain frais.

« Génial ! a dit Anne, tu as refait ce pain bouddhiste, Maman. »

Il y a beaucoup de statues qui montrent le Bouddha dans différentes positions. Essaie de trouver des photos du Bouddha. Quelles différences vois-tu ? Dans quelles positions sont ses mains ? Dans quelle direction regarde-t-il ? As-tu remarqué les longues oreilles du Bouddha ? Elles représentent sa faculté de tout entendre.

Mme Guinchard a apporté du pain frais sur la table. Il était encore chaud et le beurre fondait dessus. Les filles en ont mangé une tranche en buvant leurs verres de lait.

« Pourquoi est-ce que ça s'appelle du pain bouddhiste ? » a demandé Christelle.

« Oh ! a répondu Mme Guinchard en souriant. C'est parce que la recette vient d'un livre de cuisine publié par des bouddhistes. »

« Tu dis toujours que faire du pain, c'est une forme de méditation », a dit Anne.

« C'est vrai, a dit Mme Guinchard, pour moi en tout cas. Mais c'est pareil quand on fait la vaisselle, mange une orange ou tout ce que l'on fait d'une manière attentive, comme disent les bouddhistes. C'est quand on vit dans le moment actuel et on se concentre totalement sur ce que l'on fait. »

« Nous allions te poser des questions sur la méditation, a dit Anne. Nous étions dans le magasin de Carole Ozon au centre commercial, cet après-midi. Elle a des statuettes du Bouddha et des décorations murales comme tu as dans ton coin tranquille. »

Puis Christelle a ajouté : « On dirait que le Bouddha est toujours assis les jambes croisées. »

« Ça s'appelle la position du lotus et c'est la meilleure façon de s'asseoir quand on médite », a répondu Mme Guinchard. Elle voyait que Christelle était intéressée alors elle a ajouté : « Viens voir, je vais te montrer mon coin tranquille. »

Christelle a suivi la mère d'Anne dans une petite pièce. Mme Guinchard y avait aménagé un petit coin pour elle. Il y avait des coussins confortables posés sur le sol. Il y avait un éclairage doux et Christelle apercevait des photos du Bouddha et une statuette du Bouddha en train de méditer.

« Quand je viens ici, je m'assois et me concentre sur ma respiration : l'air qui entre et sort de mes poumons, a expliqué Mme Guinchard. Une fois que je me détends et que je fais le vide, je suis prête à la méditation. Je trouve que ça m'aide. Mon esprit ne part pas dans tous les sens et je ne m'inquiète pas sans arrêt du passé ou de l'avenir. Quand je médite, je suis assise et je respire. C'est comme ça quand je fais du pain. Quand je pétris la pâte, je pétris la pâte et c'est tout. Quand je médite, je médite et c'est tout. »

« Est-ce que c'est comme la prière ? » a demandé Christelle.

« Non, pas exactement, a répondu Mme Guinchard. Mais, la méditation toutes les créatures vivantes, comme me l'a enseigné le Bouddha. »

Le Dharma
(dar ma)

Le précepte

Un précepte est un principe de comportement et de pensée.

Les cinq préceptes du bouddhisme

- Ne pas tuer ni faire mal aux créatures vivantes.

- Ne pas voler.

- Ne pas commettre l'adultère.

- Ne pas mentir.

- Ne pas boire d'alcool et ne pas consommer de drogue.

« Est-ce que vous vénérez le Bouddha ou ces photos et ces statuettes ? » a demandé Christelle.

« Non, a répondu Mme Guinchard. Je ne vénère pas les photos et les statuettes. C'est simplement que c'est agréable de les avoir autour de moi. Quelquefois, elles m'aident à me concentrer pendant ma méditation. La plupart des bouddhistes ne considèrent pas que le Bouddha est un dieu. C'est un professeur qui montre la voie aux gens. »

« Un professeur ? Qu'est-ce qu'il enseigne ? » a demandé Christelle.

« Oh, ce serait long à expliquer tout ce que le Bouddha enseigne. Son enseignement s'appelle le *Dharma*. Il aide les gens à surmonter les peines de la vie, leurs malheurs et leurs souffrances, a ajouté la mère d'Anne. Son but c'est d'enlever le malheur dans le monde. As-tu vu ce petit poster sur le mur là-bas ? »

« Oui, a dit Christelle, c'est écrit, "Les cinq **préceptes** du bouddhisme". »

« Ces cinq principes forment la base pour tous les bouddhistes », a dit Mme Guinchard.

« Est-ce que vous allez dans une église bouddhiste ? » a demandé Christelle.

« Non, a répondu la mère d'Anne. Dans certains endroits, il y a des temples bouddhistes. Ici, il n'y en a pas. Mais je rencontre un groupe de gens dans un endroit qui s'appelle le centre *Shambhala*. Nous méditons ensemble, parlons des enseignements du Bouddha et nous recevons souvent des gens qui viennent nous parler. »

« Maman, a dit Anne qui était venue les chercher. Est-ce que nous pouvons manger de la lasagne ce soir si nous t'aidons à couper les légumes ? »

« Bien sûr », a dit Mme Guinchard.

Les filles ont coupé les courgettes et les champignons. Christelle a pensé que lorsqu'on mangeait une lasagne chez elle, ses parents utilisaient toujours de la viande hachée.

« Où est la viande ? » a-t-elle demandé.

« Maman est végétarienne, a répondu Anne, alors nous mangerons une lasagne végétarienne. »

« Beaucoup de bouddhistes sont végétariens. Un des enseignements du Bouddha, c'est qu'on ne devrait pas faire mal aux êtres vivants. Donc, si on veut suivre ce que le Bouddha a dit, on devrait éviter toutes les nourritures qui obligent à tuer un animal. »

Christelle s'est demandé comment on pouvait vivre sans manger de viande. Mais quand elle a goûté la lasagne, elle a trouvé ça bon. Avec les légumes et trois sortes de fromage, c'était délicieux, en fait. ❖

Une salle de méditation dans un centre bouddhiste

Discussion

❑ Relis les cinq préceptes du bouddhisme. Discute des croyances et pratiques de base du bouddhisme que tu as découvertes dans l'histoire « Un coin tranquille ».

❑ Les bouddhistes croient que toutes les choses de la création sont reliées entre elles. Comment Mme Guinchard démontre-t-elle cette croyance dans sa vie quotidienne ?

Allons plus loin

❑ Partout dans le monde, certaines personnes pratiquent la méditation. Recherche toutes les informations que tu pourras trouver sur la méditation. Pourquoi les gens méditent-ils ? Comment méditent-ils ? Quels sont les bienfaits de la méditation ?

Qui était le Bouddha ?

En bref

Christelle en apprend plus sur le bouddhisme et le Bouddha.

Christelle et Anne regardaient régulièrement des vidéos le vendredi soir. Elles choisissaient un film à tour de rôle et le regardaient une semaine chez Anne et l'autre semaine chez Christelle. Cette semaine, c'était à Anne de choisir la vidéo. Elles se sont rencontrées pour le souper chez Christelle. Elles étaient dans la cuisine pendant que Mme Burry préparait le souper. Anne lui a dit que le film était un peu différent de ceux qu'elles avaient regardés jusqu'à présent.

« J'espère qu'il te plaira », a dit Anne d'un air un peu inquiet.

« De quoi parle-t-il ? » a demandé Christelle.

« C'est au sujet du bouddhisme, a dit Anne. Tu avais l'air intéressée quand tu as appris que ma mère était bouddhiste. J'ai déjà vu ce film. Il est bon. Il a répondu à beaucoup de mes questions. »

« Es-tu bouddhiste, toi aussi ? » a demandé Christelle à son amie.

« Non. »

« Pourquoi pas ? »

« Je le deviendrai peut-être un jour, a répondu Anne. Ma mère pense que je dois prendre ma décision toute seule, quand je serai prête. Elle pense que je suis trop jeune pour l'instant. »

Le dalaï lama
(da la i la ma)

Puis Christelle a demandé : « Ta mère ne mange pas de viande, mais tu n'es pas végétarienne, n'est-ce pas ? »

Anne a souri. « Non, tu sais bien que je ne le suis pas. Maman veut bien que je mange de tout à condition que ce soit bon pour moi. Peut-être que si je choisis de devenir bouddhiste un jour, je deviendrai végétarienne. »

Mme Burry, la mère de Christelle, a rejoint les filles à table. Elle a apporté un pâté fumant au poulet : « Ça a l'air délicieux ! » a dit Anne.

« J'ai entendu dire qu'il y a différentes façons d'être bouddhiste », a dit Mme Burry en servant le repas des filles.

« Oui c'est vrai, a dit Anne. Ma mère dit qu'il y a des millions de bouddhistes dans le monde et qu'il y a différentes façons de suivre les enseignements du Bouddha. Sa façon à elle est différente des pratiques observées dans d'autres familles bouddhistes. »

« Qu'est-ce que cela veut dire être bouddhiste ? » a demandé Christelle.

« Il y a différentes façons de suivre le Bouddha et pourtant tous les bouddhistes ont certaines choses en commun, a continué Anne. Ils croient à la non-violence et ils respectent les autres.

« Ma mère pratique le bouddhisme tibétain. Le leader spirituel du bouddhisme tibétain est le dalaï lama. Il a dit " Ma religion est bonté." Je trouve que ça résume très bien le bouddhisme. »

Après la vaisselle, tout le monde a regardé le film dans le salon. Le film parlait de trois jeunes qui avaient environ le même âge que Christelle et Anne, et qui ont appris des choses sur le bouddhisme en voyageant en Inde. Dans une série de retours en arrière, le film racontait l'histoire du Bouddha.

Le nom du Bouddha était Siddharta Gautama. Il a grandi comme un prince dans un très bel endroit de l'Inde du nord, plus de cinq cents ans avant la naissance de Jésus. Pendant l'enfance de Siddharta, son père l'a empêché de voir le monde extérieur. Il voulait que Siddharta vive heureux et sans soucis, sans connaître les problèmes du monde.

Mais un jour, Siddharta Gautama a quitté le palais. Pendant qu'il marchait dans la ville, il a vu quatre choses qui ont transformé sa vie. Il a vu un vieil homme, un malade, un mort et un saint homme qui avait renoncé à tous ses biens. Par ces rencontres, il a compris que le monde n'est pas toujours un endroit joyeux et confortable. En voyant le saint homme, il a eu une idée. Il a décidé d'abandonner sa vie confortable au palais et de suivre l'exemple de ce saint homme.

En continuant ses voyages, il a vu d'autres malheurs. Il a commencé à comprendre que toutes les choses changent et meurent un jour. Siddharta se demandait comment il pouvait accepter ces vérités.

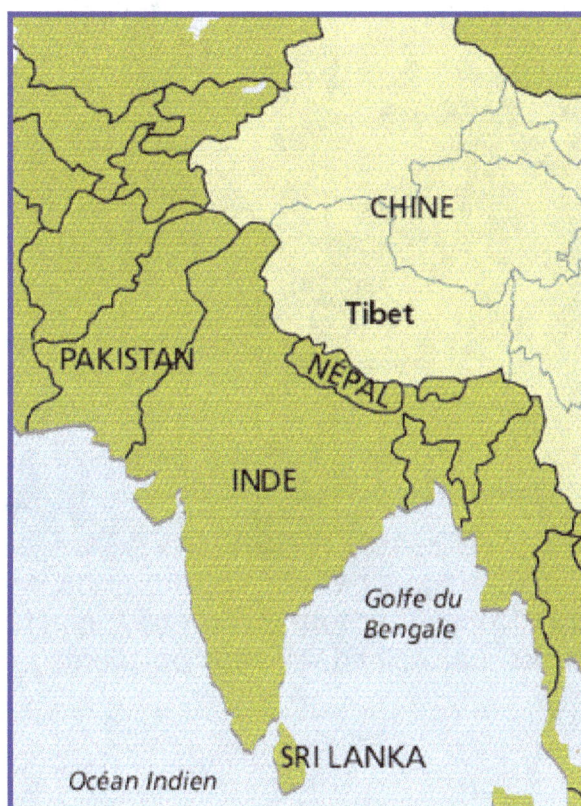

Le dalaï lama est le chef spirituel du Tibet.

Cette image tibétaine du Bouddha en train de méditer sous un arbre est appelé *tanka*, un tableau religieux portable.

Un jour, il a arrêté de voyager et il s'est assis sous un arbre pour réfléchir ou méditer. Après un temps, tout est devenu clair. C'était son « Éveil ». À partir de ce jour-là, on l'a appelé le Bouddha ou « L'Éveillé ».

En tant que Bouddha, il a commencé à enseigner aux autres ce qu'il avait découvert quand il s'asseyait pour méditer sous l'arbre. Dans son premier sermon, il a parlé de ce qu'il a découvert au sujet de la souffrance et du malheur : les causes de la souffrance et ce qu'on peut faire pour y faire face. Le nombre de ses adeptes a augmenté et on connaît maintenant ses enseignements partout dans le monde sous le nom des Quatre nobles vérités et le Chemin en huit étapes.

« C'était vraiment un bon film », a dit Christelle à la fin.

« Tu l'as aimé ? Je suis contente », a dit Anne.

« Il était très intéressant, a dit Mme Burry. La prochaine fois que je vois ta mère, je voudrais lui poser des questions sur le bouddhisme. » ❖

Cette peinture murale montre Siddharta Gautama qui traverse le village. Elle a été peinte au début des années mille sept cents dans le monastère de Baiya, au Tibet.

Discussion

❑ Le père de Siddharta Gautama voulait protéger son fils de la peine et la souffrance dans le monde. D'après toi, est-ce que c'était la bonne chose à faire ? Pourquoi ?

❑ Quand Siddharta Gautama est entré dans le village et qu'il a vu des preuves de souffrance, il a essayé de comprendre pourquoi les gens souffrent. Cite des choses qui font souffrir les gens.

Activité créatrice

❑ Fais une saynète inspirée d'une partie de la vie du Bouddha.

Les Quatre nobles vérités

En bref

Christelle continue à découvrir des croyances du bouddhisme.

Un samedi matin, quelques semaines plus tard, une tempête de neige faisait rage lorsque Christelle et Anne se sont réveillées. Elles avaient passé la soirée de vendredi chez Anne. Elles ne pouvaient même pas sortir pour rendre le film qu'elles avaient loué la veille. Après l'avoir regardé une deuxième fois, Christelle a pris un magazine qui se trouvait sur la table du salon.

« *Tricycle*. Est-ce que c'est un magazine sur le cyclisme ? » a-t-elle demandé à son amie.

« Non. C'est sur le bouddhisme », a dit Anne en souriant.

« Quel est le rapport entre le bouddhisme et les tricycles ? »

« Il n'y en a pas. Ma mère m'a expliqué pourquoi cette revue s'appelle *Tricycle*. Le titre explique ce qu'est le bouddhisme. Le "tri" du mot tricycle veut dire "trois", a commencé Anne. Pour les bouddhistes, il y a trois choses importantes. Je crois que Maman les appelle des trésors... »

« Oui, Anne, c'est ça », a dit sa mère. Elle était dans la cuisine mais elle avait entendu la question de Christelle. Elle est venue s'asseoir avec les filles dans le salon. "Les trois trésors" ou joyaux, comme on les appelle aussi sont le Bouddha, le Dharma et la **Sangha**. Tu sais qui était le Bouddha. Et je crois que je t'ai dit que les enseignements du Bouddha sont appelés Dharma. Sangha veut dire la communauté des moines et moniales bouddhistes. »

❖ ❖ ❖

La Sangha
(San ga)

Le Nirvana
(Nir va na)

La mère d'Anne a continué, « Le premier sermon du Bouddha a fait tourner la roue du Dharma pour la première fois. Alors, on utilise souvent le symbole de la roue pour les enseignements du Bouddha.

« Un tricycle est un moyen de se rendre quelque part. Si on choisit de suivre l'exemple du Bouddha, on choisit d'entreprendre un voyage vers le *nirvana*, ou le bonheur complet. L'enseignement du Bouddha est un véhicule qui voyage dans cette direction. Il y a trois types de bouddhisme. Les trois roues du tricycle suggèrent les trois types. Alors, un tricycle peut symboliser ce qu'est le bouddhisme. »

La roue du Dharma

Quand la mère d'Anne a quitté la pièce, Christelle a de nouveau regardé le magazine. Il était attrayant avec ses couleurs vives. En tournant les pages, un article a attiré son attention. Le titre était « Le bouddhisme pour débutants » et il décrivait les principes essentiels du bouddhisme. Le Bouddha enseignait qu'il y avait Quatre nobles vérités. L'article expliquait les Quatre nobles vérités.

Les Quatre nobles vérités

Première noble vérité

La souffrance est partout. Tout le monde sera malheureux d'une façon ou d'une autre. Nous ne sommes jamais totalement heureux ou satisfaits.

Deuxième noble vérité

La souffrance ou l'inconfort est causé par notre désir constant de posséder des choses et de les contrôler. Quand les choses vont mal, nous avons tendance à rendre les autres responsables de nos problèmes. Nous n'en prenons pas la responsabilité nous-mêmes.

Troisième noble vérité

Le Bouddha a montré la façon de se débarrasser de la souffrance. Nous ne pouvons pas toujours changer les choses qui nous arrivent mais nous pouvons changer notre façon d'y réagir. Quand on supprime notre désir de posséder des choses et de les contrôler, nous sommes heureux et en paix. La fin de la souffrance, c'est le nirvana. Tout le monde peut ressentir le nirvana ici et maintenant.

Quatrième noble vérité

La façon d'atteindre cet état de bonheur et de paix, ou le nirvana, c'est de suivre ce que les bouddhistes appellent « le Chemin en huit étapes ». En suivant ce chemin, on peut changer soi-même la façon dont on réagit au monde qui nous entoure.

Les étapes du Chemin en huit étapes se trouvaient dans l'article. Christelle les a regardés rapidement. Elle avait l'impression que c'étaient des directives sur la manière de vivre sa vie. Puis elle a lu une note qui disait que l'article continuerait dans le prochain numéro du magazine. Il y aurait une explication du Chemin en huit étapes.

Tout à coup les filles ont entendu le bruit du chasse-neige qui passait.

« Venez les filles, a dit la mère d'Anne, j'ai besoin d'aide pour dégager la voiture. Il y a plein de neige. »

Les filles étaient heureuses d'être dehors. Elles ont dégagé la neige qui était devant la voiture. Puis, elles se sont bien amusées. ❖

Le Chemin en huit étapes

1. La compréhension juste
2. La pensée juste
3. La parole juste
4. L'action juste
5. Le travail juste
6. L'effort juste
7. L'attention juste
8. La concentration juste

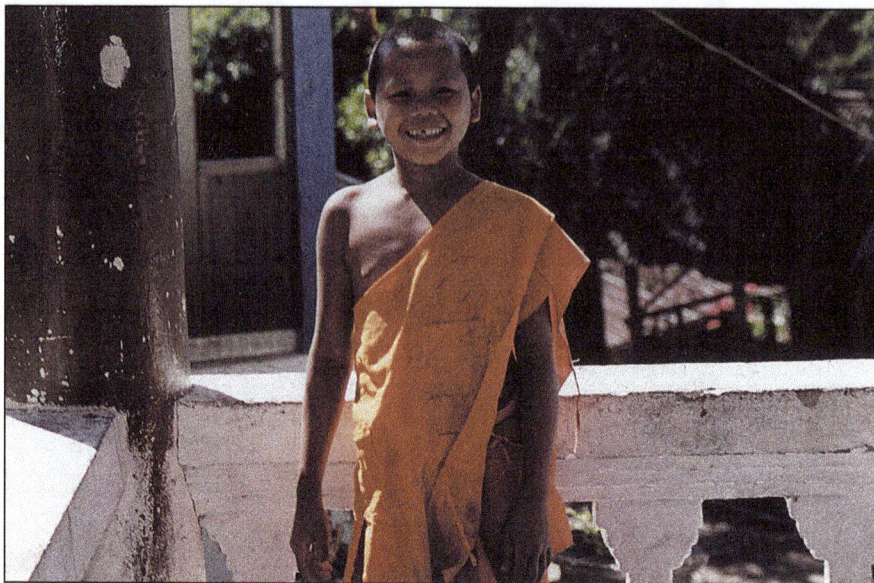

Ce jeune moine est en apprentissage. Les moines et les moniales font le vœu de vivre leur vie selon les enseignements du Bouddha.

Discussion

- ❏ Un des enseignements du bouddhisme est que la vie est un voyage. Vois-tu la vie de cette façon-là ? Pourquoi ?

- ❏ Pourquoi est-ce que le tricycle est un bon symbole pour le bouddhisme ?

- ❏ Une des Quatre nobles vérités nous dit que nous ne pouvons pas changer ce qui nous arrive mais nous pouvons changer notre façon d'y réagir. D'après toi, que veut dire cette vérité ? Par exemple, comment réagirais-tu si tu savais que quelqu'un avait dit des mensonges à ton sujet ou au sujet d'un de tes amis ? Comment les enseignements du Bouddha peuvent-ils t'aider à régler ce problème ?

Allons plus loin

- ❏ Avec des camarades, choisis une des huit étapes et cherchez plus de renseignements à ce sujet. Partage ce que tu trouves avec les autres.

- ❏ Les moines et moniales bouddhistes passent la plupart de leur temps à méditer, à lire, à étudier les écritures saintes et à apprendre les enseignements du Bouddha. Ils partagent ce qu'ils ont appris avec les autres. Ils mangent un seul repas par jour, qui doit être avant midi. Fais des recherches sur les moines et les moniales bouddhistes et leur vie quotidienne. Que possèdent-ils ? Que mangent-ils ? Y a-t-il des différences selon les différentes traditions bouddhistes ? Si oui, comment ?

Retour en arrière

Le titre « Des liens » reflète le thème des histoires dans cette partie. Les gens sont unis les uns aux autres par des expériences et par des convictions. Vois-tu ces liens ? Lis chacune de ces phrases ci-dessous. Retrouve la personne qui aurait pu faire ces déclarations. De quel lien parle-t-elle ?

- « C'est mieux quand nous partageons la responsabilité. »

- « J'ai compris que le monde n'est pas toujours un endroit joyeux et confortable. »

- « Je crois qu'en suivant ce chemin, nous pouvons changer et ensuite changer la façon dont nous réagissons au monde qui nous entoure. »

- « Nous nous sommes frappées en faisant un grand bruit et le ballon est tombé au sol. »

- « Il m'a dit quelque chose qu'il veut que je garde pour moi. »

- « Quand je m'assois ici, je me concentre sur ma respiration et je me débarrasse de toutes mes pensées et mes soucis. »

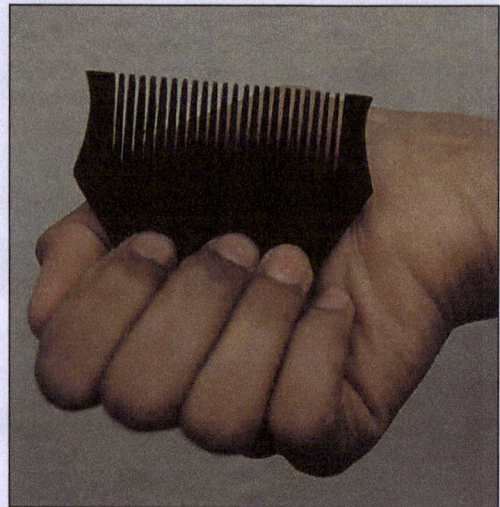
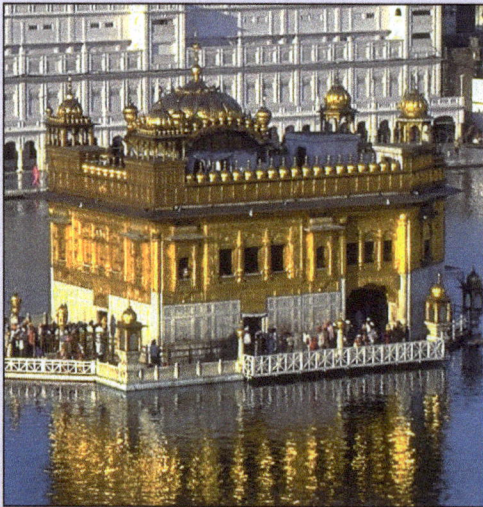

Les traditions

Troisième partie

Les traditions sikhes

En bref — Kirpal partage les croyances fondamentales de la religion sikhe avec son ami Jean.

C'était une journée typique de pluie et brouillard à St. John's. Jean s'ennuyait. Kirpal était parti à Surrey, en Colombie-Britannique, pour rendre visite à sa famille. Jean n'avait rien à faire. Il a décidé de vérifier ses courriels et espérait en voir un de Kirpal.

« Génial, il y a un message ! »

Pluie et brouillard à St. John's

Il a cliqué sur le message pour l'ouvrir. Il était long. Kirpal avait écrit :

À :	jaucoin@goobies.ca
De :	singh@goobies.ca
Sujet :	Bonjour de Surrey en Colombie-Britannique !

Bonjour de Surrey en Colombie-Britannique !

Notre avion est arrivé à Vancouver hier soir et c'est génial. Le Canada est immense. La traversée est longue, même en avion.

Ma tante et mon oncle nous attendaient à l'aéroport et nous ont emmenés chez eux à Surrey. En route, j'ai vu les lumières de Vancouver. Ma tante nous a aussi montrés le temple sikh, il était tout illuminé. Elle nous a dit qu'on l'appelait une **gurdwara**. Elle m'a dit que les hommes et les femmes participent aux cérémonies au temple. Les femmes célèbrent les cérémonies aussi bien que les hommes et elles lisent les écritures saintes. Je crois que nous irons plus tard dans la semaine.

Mes cousins, Sant et Gurinder, nous attendaient à la maison. Nous étions contents de les revoir. Je ne les avais pas vus depuis quelques années. Sant a environ notre âge mais Gurinder est plus âgé. Comme beaucoup de garçons sikhs ici, ils ont de longs cheveux qu'ils attachent sur le dessus de la tête à l'aide d'un grand tissu blanc qui s'appelle un **patka**. Ils portent des patkas depuis qu'ils sont tout petits.

La gurdwara
(gur doua ra)

Le patka
Les garçons sikhs commencent à porter le patka vers l'âge de huit ans.

Ce jeune garçon porte un patka.

Cet homme porte un turban sikh.

C'est la même chose que mon père et mon oncle, mais eux, ils portent des turbans. Il y a longtemps, mon père m'a dit que je pouvais porter mes cheveux comme ça si je le voulais. Mais, j'ai décidé de ne pas me laisser pousser les cheveux. Je changerai peut-être d'idée un jour. C'est drôle. Je suis le seul garçon avec les cheveux courts dans cette maison. Avant, je ne me rendais pas compte que les cheveux longs sont si importants pour les sikhs. Mon père m'a expliqué que les cheveux longs symbolisent la foi et que le turban aide à les protéger.

Il m'a dit que les sikhs traitent leurs cheveux comme un cadeau de Dieu. Alors ils ont le devoir de ne rien faire pour changer ça. Les cheveux longs d'un sikh montrent qu'il a accepté la volonté de Dieu. Mais mon père a aussi dit que beaucoup de sikhs au Canada se font couper les cheveux et ne portent pas de turban. Mais ça ne veut pas dire qu'ils ne sont pas sikhs. Ils honorent tout de même Dieu.

Maintenant que je suis ici avec d'autres sikhs, je comprends mieux les traditions. Je crois que je t'ai déjà dit qu'on parle des cinq k pour les cinq symboles de la tradition sikhe. Ils représentent : *kesh, kanga, kaccha, kada* et *kirpan*. Kesh, c'est la barbe et les cheveux non coupés des sikhs. Kanga, c'est le peigne qui tient les cheveux pour qu'ils soient propres et bien coiffés sous le turban. Kaccha sont les shorts que mettent les sikhs. Kada est le bracelet en acier et kirpan est la petite épée que portent les sikhs. Les cinq k représentent l'unité et la fraternité chez les sikhs. Quand Sant et Gurinder auront treize ou quatorze ans, ils assisteront à une cérémonie comme le font tous les hommes et ils deviendront des membres à part entière de la communauté sikhe. Ils adhèreront à la tradition des cinq k.

Tu joues au ballon-panier ? J'ai joué un peu avec des amis de Sant ce matin. Ils sont vraiment très bons ! Tu devrais les voir.

Gurinder a besoin de l'ordinateur alors je vais te laisser. À plus tard !

Kirpal

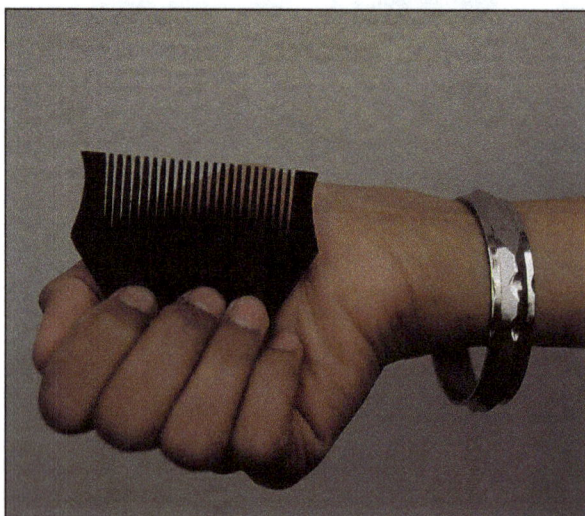

▶ **Kirpal a appris à Jean les raisons traditionnelles pour lesquelles les sikhs portent des cheveux longs. Le kanga fait partie de cette tradition. Essaie de découvrir la signification de la tradition de la kada, du kirpan et de la kaccha.**

Après avoir lu le courriel de Kirpal, Jean a fait des recherches dans Internet pour essayer de trouver des renseignements supplémentaires sur la religion sikhe. Il a découvert qu'il y avait environ vingt millions de sikhs dans le monde et que la plupart d'entre eux vivent dans l'état indien du Pendjab. Le fondateur de la religion sikhe, le **Gourou** Nanak, a vécu de 1469 à 1539.

Le Gourou Nanak croyait qu'il n'était pas possible d'aimer véritablement Dieu si on n'aimait pas le reste de l'humanité. Alors, il a enseigné que les hommes et les femmes doivent être bons envers leurs voisins et doivent partager le fruit de leur travail. Les neuf gourous qui l'ont suivi ont aussi prêché un simple message de vérité, de dévotion envers Dieu et de l'égalité de tous les êtres humains. Le livre sacré sikh s'appelle le Gourou **Granth Sahib** et il est conservé dans un endroit sacré dans la gurdwara.

Jean a relevé la tête. Il ne pleuvait plus et le brouillard s'était levé. Il ne voulait pas que Kirpal devienne meilleur que lui au ballon-panier pendant qu'il était à Surrey, alors il est sorti dans la cour pour s'entraîner. ❖

Le gourou
Un gourou est un bon professeur spirituel.

Le Granth Sahib
(Grant sa ib)

Le Gourou Nanak et ses neuf disciples

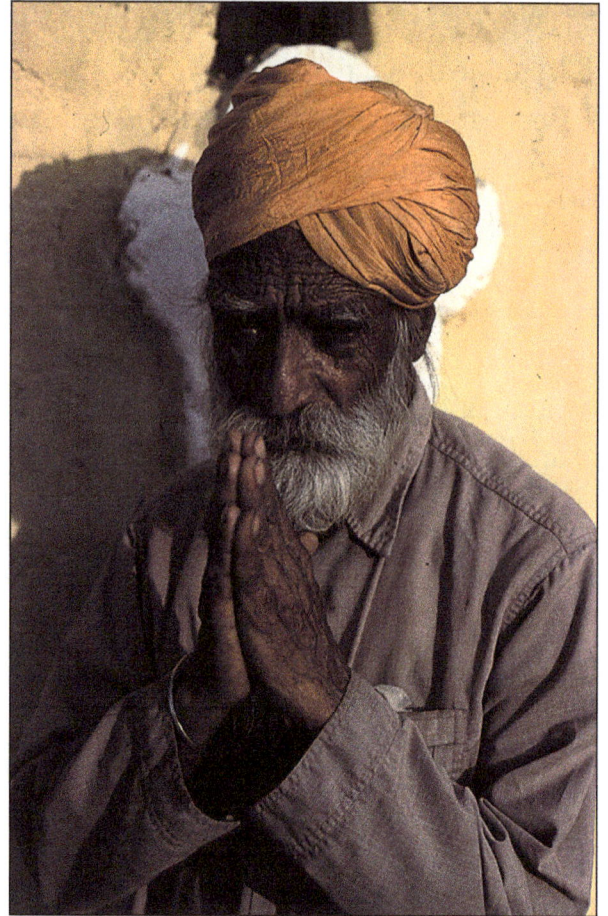
Un homme sikh aux prières

Discussion

❑ Qu'est-ce que Jean apprend de Kirpal au sujet de certains symboles et traditions sikhs ? Par exemple, qu'est-ce qu'il apprend au sujet des cheveux longs des hommes sikhs ?

❑ Qu'est-ce qui pourrait pousser Kirpal à changer d'avis un jour et le décider à laisser pousser ses cheveux ?

Réflexion

❑ De quelles manières réagit-on aux gens qui sont différents de nous ? D'après toi, comment devrait-on réagir ?

Le retour de Kirpal

En bref   Kirpal décrit une cérémonie au temple sikh.

Jean ne comprenait pas. Il était presque midi ce samedi-là et Kirpal n'avait pas encore téléphoné. Il devait rentrer de Colombie-Britannique tard le vendredi soir. Est-ce qu'il y avait un problème ?

« Donne-lui le temps, a dit la mère de Jean. Il a traversé cinq fuseaux horaires. Il souffre probablement du décalage horaire et il dort encore. »

Mais Jean ne pouvait plus attendre. Après le déjeuner, il est allé chez Kirpal.

Tout avait l'air normal. Il a sonné. La mère de Kirpal a ouvert la porte.

« Ah, bonjour Jean, a dit Mme Singh. Kirpal avait hâte de te téléphoner. Va dans le bureau et tu verras ce qu'il est en train de faire. »

Jean a jeté un coup d'œil dans le bureau. Kirpal était assis et travaillait à l'ordinateur. Il était entouré de papier froissé. Il a levé les yeux vers Jean et lui a fait un petit sourire timide.

« Salut Jean ! » a-t-il dit.

« Salut ! Quand es-tu rentré ? Que fais-tu ? » a demandé Jean.

Kirpal a soupiré avant de répondre : « Tu sais que j'ai manqué l'école la semaine dernière quand j'étais en Colombie-Britannique. Mme Leblanc m'a dit qu'il faudrait que j'écrive un rapport d'une partie de mon voyage pour la classe. Elle a dit qu'elle voulait des détails. Eh bien, je ne l'ai pas fait quand j'étais en vacances, et ma mère m'a dit que je ne pourrais pas sortir avant de l'avoir fini. »

« Oh, a dit Jean. Tu as fini ? »

« Presque », a dit Kirpal.

« Tant mieux. Il y a un entraînement supplémentaire de l'équipe cet après-midi à cause du tournoi qui aura lieu la semaine prochaine. J'ai dit à l'entraîneur que tu serais de retour. Est-ce que je peux t'aider à finir ? »

« Ce serait vraiment bien, a dit Kirpal. Il faut que je présente ce travail en classe. Ça m'aiderait beaucoup si je pouvais te le lire. J'ai pris des photos pour les montrer pendant ma présentation. »

« Bien sûr, je veux bien », a dit Jean.

« J'ai choisi de vous parler de ma visite au temple sikh pendant mon séjour en Colombie-Britannique. Le temple s'appelle une gurdwara. En nous dirigeant vers la gurdwara dans la voiture de mon oncle, nous avons vu le drapeau sikh sur un très grand poteau. Ce drapeau est un triangle orange et jaune avec deux épées qui représentent le symbole sikh. Le poteau était recouvert d'un tissu de la même couleur que le drapeau.

« À Surrey, la gurdwara est un grand bâtiment moderne en béton. Avant d'y entrer, il a fallu enlever nos chaussures et couvrir nos têtes. Ceux comme moi qui ne portent pas de turban ou patka normalement ont mis un tissu blanc qu'ils ont enroulé autour de leur tête. Mon père m'a beaucoup parlé du temple et j'ai aussi entendu parler de certaines choses pendant nos rencontres avec les sikhs de St. John's. Alors j'ai compris la plupart de ce qui se passait.

« La première chose que j'ai remarquée quand nous sommes entrés était l'emplacement des écritures saintes, le Gourou Granth Sahib. C'est au de la

Voici l'extérieur d'un temple sikh. Remarque le symbole et le drapeau que décrit Kirpal.

gurdwara sur une sorte de podium recouvert d'une espèce d'auvent. Les gens s'inclinent quand ils entrent. C'est pour montrer qu'ils vénèrent les paroles contenues dans le livre. Ces écritures sont généralement gardées dans une autre pièce. On l'amène en procession au début de chaque cérémonie.

« J'ai remarqué aussi que les gens mettaient de l'argent devant le Gourou Granth Sahib. Cet argent contribue à payer la nourriture qui est servie après la cérémonie.

« La cérémonie a commencé avec des hymnes. Un groupe d'hommes assis à l'avant du temple jouait de la musique. Ils avaient des harmoniums portables à pompes manuelles. Ensuite, il y a eu l'homélie et les prières.

« Mon oncle m'a traduit une des prières sikhes les plus importantes. Elle s'appelle la *Mool Mantar* et en voici une traduction :

« Suite aux prières, quelqu'un s'est avancé et a lu un passage du Gourou Granth Sahib. Guru ou gourou veut dire professeur. Mais j'ai découvert qu'il n'y a pas de professeur ou gourou vivant. On considère que les écritures sikhes sont le professeur. C'est pour cette raison que l'on respecte tellement les écritures.

« Pendant tout le service, j'ai souvent entendu le mot *waheguru*. Ça veut dire "Loué soit le Gourou". Ça ressemble au amen que l'on entend dans les cérémonies juives et chrétiennes.

❖ ❖ ❖

waheguru
(oua i gou rou)

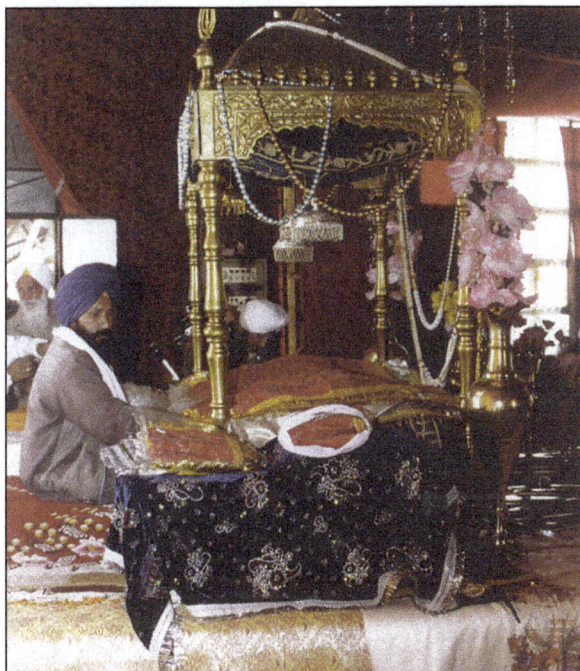

Pourquoi penses-tu que le livre sacré sikh est placé sur un podium, sous un auvent décoré ?

Mool Mantar

Il y a un seul Dieu. La vérité est son nom. Il est le créateur. Il n'a peur de rien. Il ne haït personne. Il est éternel et sans forme. Il est au-dessus de la naissance et de la mort. On peut le connaître par la grâce du gourou.

La langar
(lan gar)

« À la fin de la cérémonie, tout le monde a reçu une assiette de prasad. Ça a un goût sucré et c'est béni. C'est fait avec de la farine, du sucre et du beurre et ça se sert chaud.

« Après la cérémonie, nous sommes tous allés en bas pour manger. C'était un repas végétarien qui s'appelait la *langar*. Les sikhs ne sont pas tous végétariens mais ma tante dit que l'on sert un repas végétarien, comme ça tous ceux qui viennent à la gurdwara peuvent partager ce repas. En regardant tout autour de la pièce où on servait la langar, j'ai vu beaucoup d'annonces au sujet des réunions qui avaient lieu à la gurdwara. Mon oncle m'a dit que c'est un centre communautaire pour les sikhs. C'est un lieu qui sert aux cours, aux rencontres et aux réunions. »

« C'est très intéressant, a dit Jean. C'est vraiment bien que tout le monde ait un repas. Combien de gens y avait-il ? »

« Plus de cent », a dit Kirpal.

« Ça fait beaucoup de personnes à nourrir », a dit Jean.

« Eh bien, je pense que tout le monde a eu quelque chose. Au fait, c'est à quelle heure l'entraînement de ballon-panier ? » a demandé Kirpal.

« On devrait y aller », a dit Jean en regardant sa montre.

« J'ai appris quelques déplacements avec mes cousins, a dit Kirpal en quittant la maison. Je vais te les montrer au gymnase. » ❖

Le temple d'or, à Amritsar en Inde

Le temple d'or est le plus sacré de toutes les gurdwaras. Essaie de trouver d'autres photos du temple d'or. Comment ce bâtiment exprime-t-il la dévotion des sikhs ?

Discussion

❑ Après la cérémonie de prières et de dévotions au temple sikh, Kirpal et sa famille ont rejoint d'autres gens pour un repas. Pourquoi est-il important de partager des repas et des moments de fraternité ?

❑ En signe de respect, les gens enlèvent leurs chaussures et se couvrent la tête avant d'entrer dans un temple sikh. Comment montrent-ils leur respect envers le Gourou Granth Sahib ? Comment les gens des autres religions montrent-ils leur respect en entrant dans des lieux de culte ?

Allons plus loin

❑ À l'aide des ressources disponibles dans la classe et la bibliothèque, fais des recherches sur le symbolisme du drapeau sikh. Dessine-le et met ton dessin sur un babillard. Utilise le babillard pour ajouter les autres informations que tu auras trouvées pendant ton étude de la religion sikhe.

Le respect de la vie

En bref — Deepak parle de la façon dont les hindous montrent leur respect de toutes les créatures vivantes.

« Qui veut des croquettes de poulet ? Je ne peux pas les finir », a dit Jean. Il mangeait avec ses amis dans la cafétéria de l'école. « Toi, Deepak ? »

« Non, merci, a répondu Deepak. Souviens-toi, je suis végétarien, je ne mange pas de viande à cause de mes croyances religieuses. »

« Tu n'en manges pas ? Pourquoi ? » a demandé Alice, en épluchant sa banane.

Deepak avait déjà expliqué plusieurs fois les traditions de sa famille hindoue à ses amis. Il aimait en parler : « En tant que famille hindoue, nous croyons que, d'une façon ou d'une autre, toutes les créatures vivantes sont liées les unes aux

autres. Alors, nous apprenons qu'il faut respecter toutes les formes de vie et essayer de ne pas faire mal aux créatures vivantes. »

« Ça veut dire que tu ne peux pas manger d'hamburger, par exemple, a dit Christelle. La mère d'Anne est bouddhiste. Elle ne mange pas de viande non plus. Comment nous l'a-t-elle expliqué, Anne ? »

« Ma mère dit que puisqu'elle suit la parole du Bouddha, elle essaie de ne pas faire mal aux créatures vivantes, a expliqué Anne. Alors, elle ne mange pas de viande. Mais elle m'a dit que tous les bouddhistes ne sont pas végétariens. »

« Tous les hindous ne sont pas végétariens non plus, a ajouté Deepak, mais notre famille choisit d'être végétarienne. Au temple l'autre jour, nous avons parlé du Mahatma Gandhi, un professeur et leader indien très connu. Il a dit que nous devrions tous pratiquer ahimsa, c'est-à-dire que nous ne devrions jamais faire mal à aucune créature vivante. C'est un vieil enseignement hindou. »

« Alors, j'imagine que tu ne manges pas de viande car tu ne veux pas faire mal aux animaux », a dit Jean.

Alice ne pouvait pas imaginer ne pas manger de viande. « Comment est-ce que l'on peut manger suffisamment si on ne mange pas de viande ? a-t-elle demandé. Je crois que je mourrais de faim. »

Écriture sainte
Enseignements de l'hindouisme au sujet de ahimsa

On ne peut trouver de la viande nulle part sans faire mal à des créatures vivantes et tuer des êtres vivants ne mène pas au paradis. Par conséquent, on devrait éviter de manger de la viande.

Les lois de Manu 5.48

Ne blesse pas les créatures vivant sur la terre, dans les airs et dans l'eau.

Yajur Veda

Quel est le bon chemin ? C'est le chemin qui permet d'éviter de tuer toute créature.

Tirukural 324

« On mange toutes sortes de choses, a répondu Deepak en riant. Les gens de religion hindoue sont végétariens depuis des milliers d'années. C'est tout à fait naturel pour nous. Il y a des millions et des millions de gens dans le monde qui ne mangent pas de viande et ils ont plein de bonnes choses à manger. Tu devrais voir ce que nous mangeons à la maison ! »

En entrant dans la classe, Jean et Anne parlaient toujours des végétariens. Mme Leblanc était intéressée par leur conversation.

« Il y a beaucoup de façons de montrer du respect pour les créatures vivantes, a dit Mme Leblanc. Être végétarien est une façon mais il y en a d'autres. Beaucoup d'autochtones doivent chasser pour

manger. Ils montrent leur respect des animaux qu'ils tuent en faisant une prière de remerciement car les animaux ont donné leur vie pour celles des autres. Et, les gens choisissent d'être végétariens pour différentes raisons, des raisons de santé par exemple. »

Quand Jean est rentré à la maison cet après-midi-là, il a attendu le retour de Lucie qui était à l'université.

« As-tu fait des repas végétariens quand tu étais en Inde ? » a demandé Jean à Lucie quand elle est rentrée.

« Oui, bien sûr. Je n'ai pratiquement jamais mangé de viande, a répondu Lucie. Pourquoi ? »

Jean a expliqué pourquoi il lui demandait ça. Il était fasciné par ce que Lucie lui disait.

« Eh bien, a commencé Lucie, une des raisons pour lesquelles les hindous sont végétariens c'est parce que dans la tradition hindoue, on respecte toutes vies. En Inde, on voit des vaches partout, dans la rue, à la sortie des écoles. Elles broutent l'herbe sur le bord des routes. Personne ne

les chasse. Les gens font un détour, à pied ou en voiture, pour les éviter ou ils attendent patiemment qu'elles se rangent. »

« Pourquoi font-ils ça ? » a demandé Jean. Il s'est demandé quel rapport il y avait avec la nourriture végétarienne.

« Le Dr Naidu, un des médecins de l'hôpital où j'étudiais, m'a expliqué que les hindous croient que les vaches sont sacrées. Personne ne doit les blesser. La vue d'une vache est supposée rappeler aux gens qu'aucune créature vivante ne devrait être blessée. Il a expliqué que le respect des vaches sacrées symbolise le respect pour toutes les créatures vivantes et pour la Terre elle-même. C'est une façon de vénérer toute vie.

« J'ai dit que les vaches semblaient être plutôt embêtantes mais il m'a répondu que, même si on ne mange pas les vaches, elles sont utiles pour d'autres choses. Elles donnent du lait. Elles mangent l'herbe sur des terrains qui seraient inutiles autrement. Elles tirent l'équipement dans les fermes et leurs bouses sont utilisées pour alimenter le feu et pour fertiliser les champs. Vous voyez que c'est bon pour l'environnement aussi. Les agriculteurs n'ont pas besoin d'utiliser des tracteurs ou d'acheter des produits à base de pétrole ni d'engrais chimiques pour fertiliser les champs. Et puisqu'ils utilisent la bouse pour alimenter le feu, il n'y a pas besoin de couper d'arbres. »

En écoutant Lucie, Jean a été étonné des différentes façons que la foi religeuse amenait les gens à montrer du respect pour la Terre et ses créatures vivantes.

« On dirait que tu as appris beaucoup plus que de la médecine quand tu étais en Inde », a fait remarquer Jean.

« Alors là, tu as raison ! » a répondu Lucie. ❖

Les vaches rappellent aux hindous qu'il ne faut pas faire mal aux créatures vivantes.

Le Mahatma Gandhi a aidé le peuple indien à devenir un peuple indépendant. Il a réussi en utilisant, en partie, l'idée de ahimsa.

Discussion

❏ Jean était étonné des différentes manières dont les gens montrent du respect pour la Terre et les créatures vivantes. Nomme les manières que les gens montrent du respect.

❏ Dans cette histoire, tu as entendu parler de ahimsa. Comment pourrais-tu pratiquer ahimsa dans ta vie ?

Activité créatrice

❏ Avec tes camarades, prépare un collage. Certains groupes voudront peut-être faire un collage d'images qui montrent du respect pour la Terre et ses créatures. D'autres groupes pourraient montrer comment nous manquons quelquefois de respect pour la Terre et ses créatures.

La bougie de Pâques

En bref   Anne et Christelle découvrent la bougie de Pâques en tant que symbole du christianisme.

Pendant le long hiver, Christelle et Anne ont continué à dormir l'une chez l'autre le vendredi soir.

Un samedi où il faisait une tempête et que les filles regardaient un film pour la deuxième fois, Mme Burry leur a dit : « Les filles, vous avez besoin d'un passe-temps. Venez avec moi. »

Elles sont allées dans une pièce au sous-sol où Mme Burry fabriquait des bougies. La pièce sentait la cire d'abeille et l'établi était recouvert de moules à bougies.

« Oh ! a dit Anne. Je ne savais pas qu'il y avait un atelier ici. Est-ce que nous pouvons vraiment essayer de fabriquer des bougies ? »

« Bien sûr, mais pas toutes seules, a dit Mme Burry. La cire chaude peut être dangereuse. »

C'était le premier de nombreux samedis où les filles ont fabriqué des bougies sous la surveillance de la mère de Christelle. Elles ont fait des petites bougies parfumées pour elles-mêmes. Elles en ont fait d'autres, pour avoir un petit stock de cadeaux d'anniversaire pour leurs amis. Elles ont dessiné les motifs des bougies de Noël qu'elles fabriqueraient plus tard dans l'année. Elles adoraient essayer différentes couleurs, formes et parfums.

Un après-midi au début du printemps, les filles ont remarqué quelque chose de différent dans la pièce. C'était un énorme moule.

« Cette bougie sera gigantesque ! s'est exclamée Anne. Est-ce que ta mère fait une bougie pour une occasion spéciale ? »

« Oui, c'est pour notre église. La révérende Hann a demandé à Maman de fabriquer la bougie pascale pour notre cérémonie du dimanche de Pâques. »

« La bougie pascale ? Qu'est-ce que c'est ? »

« La bougie pascale est une bougie de Pâques. Elle est allumée pour la première fois lors du premier office du matin de Pâques. »

« Pourquoi faut-il que cette bougie soit aussi grande ? » a demandé Anne.

« Pour que tout le monde la voie dans l'église, a répondu Christelle. À la fin de

Paschal
(Pas kl)

La bougie pascale, parfois appelée le cierge pascal, est près de l'autel.

cette semaine, le samedi de Pâques, elle sera placée à côté de l'autel.

« Comme ça, elle sera prête pour la cérémonie du matin de Pâques. Regarde. Voici une photo de celle que maman a fabriquée l'an dernier. »

Les filles ont regardé la photo de la grosse bougie dans un grand chandelier posé sur le sol à l'avant de l'église. Anne avait l'impression que la bougie mesurait près d'un mètre de haut. Il y avait différentes inscriptions sur la bougie. Anne se demandait si elles avaient une signification particulière mais Christelle a changé de sujet avant qu'elle ait pu lui demander.

« Utilisons ces nouveaux moules pour les bougies que nous ferons aujourd'hui », a dit Christelle.

« Nous n'aurons pas le temps de les laisser durcir aujourd'hui », a fait remarquer Anne.

« Nous pourrons les démouler quand tu viendras vendredi. »

« Mais souviens-toi, lui a rappelé Anne, cette semaine, je viendrai jeudi. Vendredi, c'est le Vendredi saint. »

« Ah oui, c'est vrai ! » a dit Christelle.

« Je me demande pourquoi ça s'appelle Vendredi saint », a dit Anne, alors que Mme Burry arrivait dans l'atelier.

Beaucoup de chrétiens vont à l'église le Vendredi saint.

« Moi aussi, à votre âge, je me demandais pourquoi ça s'appelle le Vendredi saint, a dit Mme Burry. C'est le jour où les chrétiens se souviennent de la mort de Jésus sur la croix. C'est grâce à sa mort qu'ils se croient plus proches de Dieu. »

Quand Anne est retournée chez les Burry cette semaine-là, Christelle l'attendait très excitée. Elles sont descendues voir la bougie pascale.

« Elle est presque terminée », a dit Christelle.

Mme Burry dessinait attentivement les symboles sur la grosse bougie. Elle avait fait une croix rouge. Autour de la croix, il y avait les chiffres correspondant à cette année. Au-dessus de la croix, il y avait la lettre grecque *alpha*. Sous cette croix, il y avait la lettre grecque *oméga*.

En travaillant, Mme Burry a expliqué: « Alpha et oméga sont les première et dernière lettres de l'alphabet grec. Elles font référence au passage de l'Apocalypse dans la Bible où Dieu dit : "Je suis l'Alpha et l'Oméga, le commencement et la fin." »

« C'est pour ça qu'elle met les lettres sur la bougie », a dit Anne.

« Et nous savons pourquoi il y a une croix », a dit Christelle.

« Oui, a continué Mme Burry. Ce sont les symboles appropriés pour Pâques. Les chrétiens croient que Jésus est mort pour nous sur la croix et nous croyons que sa résurrection marque un

Alpha
(<u>al</u> fa)

Oméga
(o mé ga)

nouveau début. La mort indique la fin du corps mais ce n'est pas la fin de notre relation avec Dieu. »

« Les religions ont tellement de symboles », a fait remarquer Christelle.

« C'est vrai, a dit sa mère. La plupart des choses que l'on voit à l'église sont symboliques. La croix, les vitraux, et la forme même de quelque église a une signification. Certaines églises sont construites en forme de croix. Le feu a toujours été un symbole de la présence divine. Dans l'Ancien Testament, par exemple, il y a l'histoire de Moïse et du buisson ardent. À Pâques, quand les chrétiens célèbrent la résurrection du Christ, la lumière de la bougie pascale est un symbole du Christ ressuscité, la lumière du monde. La lumière de la bougie rappelle la résurrection aux chrétiens et la présence du Christ parmi eux aujourd'hui.

« Anne, je vous invite, ta mère et toi, à venir dimanche matin, a dit Mme Burry. Vous seriez avec nous pour la cérémonie de Pâques. C'est une très belle expérience. Nous célébrons la résurrection du Christ au lever du soleil. » ❖

Vue aérienne de la basilique de St. John the Baptist à St. John's. C'est une cathédrale catholique romaine. As-tu remarqué qu'elle est construite en forme de croix ?

La colombe est un symbole chrétien. Pour les chrétiens, elle représente l'esprit sacré. Peux-tu penser à d'autres symboles religieux ?

Discussion

❏ Discute avec tes camarades de l'importance de la bougie de Pâques en tant que symbole du christianisme.

Allons plus loin

❏ Dans beaucoup d'églises, on allume la bougie pascale pendant la cérémonie du matin de Pâques. Trouve d'autres choses qui ont lieu dans les églises chrétiennes pendant cette cérémonie et partage tes découvertes avec tes camarades de classe.

« Le Christ est ressuscité ! »

En bref

Christelle et Anne participent à la célébration de Pâques, une expression des croyances chrétiennes.

« Joyeuses Pâques, Christelle. »

Christelle a entendu la voix de son père qui essayait de la réveiller. Il faisait encore noir. Alors que Christelle se réveillait lentement, elle s'est souvenue que ce serait une superbe journée. Anne

et sa mère venaient à la cérémonie du lever du soleil. Ils prendraient le petit déjeuner tous ensemble après la cérémonie. Christelle trouvait que la bougie pascale que sa mère avait fabriquée cette année était plus belle que jamais.

Il faisait noir dans l'église quand ils sont entrés. Chaque personne a reçu une petite bougie blanche. Elles n'étaient pas allumées. M. Burry a expliqué un peu la cérémonie à Anne et sa mère.

« Vous remarquerez que l'église sera dans le noir jusqu'au début de la cérémonie, a-t-il dit. Le noir nous rappelle la mort du Christ et les trois jours qu'il a passés dans la tombe avant sa résurrection. Plus tard, vous verrez que toutes les lumières et toutes les bougies seront allumées ensemble. C'est pour symboliser le moment où le Christ est ressuscité d'entre les morts et la nouvelle vie que nous découvrons à cette période de l'année. Toutes les églises ne célèbrent pas Pâques de cette façon-là mais c'est comme ça dans notre église. »

« Quelquefois, nous appelons Jésus la lumière du monde », a dit Christelle.

« C'est vrai, a répondu sa mère. Nous croyons que sa résurrection nous donne l'espoir de la vie éternelle. La lumière symbolise cet espoir. »

La vieille église de pierre était sombre mais les gens voyaient les membres de la chorale, vêtus de blanc, se diriger vers leur place dans le **chœur**. C'était le signal que la cérémonie allait commencer. Alors que les premiers rayons brillaient à travers les fenêtres situées au dessus de l'autel, ils ont entendu une voix venant du fond de l'église.

« La lumière du Christ », a annoncé cette voix.

Tout le monde s'est retourné vers la porte du côté ouest de l'église. Là, ils ont vu la révérende Hann dans son **aube** de Pâques de couleur blanche et or. Elle portait la bougie pascale qui avait été allumée à l'extérieur. Maintenant elle avançait dans l'allée centrale et apportait la lumière de la grande bougie dans l'église.

La voix a répété deux autres fois : « La lumière du Christ ». L'assemblée a répondu : « Nous rendons grâce à Dieu. »

➡ Ce vitrail montre la résurrection du Christ. Que font les gens qui y figurent ?

❖ ❖ ❖

Le chœur

C'est la partie de l'église, parfois séparée par une barrière, que les membres du clergé et la chorale utilisent pendant les cérémonies.

L'aube

Un vêtement porté par les membres du clergé, dans certaines églises

Puis il s'est passé quelque chose que Christelle et Anne ont trouvé assez spécial. Lorsque la bougie pascale passait devant leur rangée, les gens au bout du rang allumaient leur bougie et allumaient celle de leur voisin. Bientôt, tout le monde tenait une bougie allumée et l'église brillait, éclairée par cette nouvelle lumière. Christelle et Anne ont regardé toutes les lumières autour d'elles puis elles ont regardé leurs parents et leur ont souri.

« C'est fantastique ! » a dit Christelle.

M. Burry a murmuré aux filles : « Les bougies symbolisent la lumière de Dieu qui arrive dans un monde tout

noir. C'est comme une **balise** que Dieu nous envoit pour nous montrer l'espoir et pour nous sauver. »

« J'ai l'impression qu'il est arrivé quelque chose de merveilleux », a dit Christelle.

« Tu as raison, a répondu sa mère, il est arrivé quelque chose de merveilleux. En tant que chrétiens, nous croyons que le Christ est mort pour nous et qu'il est ressuscité d'entre les morts. Nous sommes tous ici pour nous souvenir de cet événement et de la grande joie et l'espoir que ça représente pour nous. »

Christelle a vu une larme dans les yeux de sa mère.

Quand elle est arrivée dans le chœur, la révérende Hann a posé la bougie pascale à côté de l'autel. Un des hommes de la chorale s'est avancé et a chanté un hymne de Pâques.

❖ ❖ ❖

La balise
Une lumière qui indique le chemin dans le noir

Puis on a entendu une lecture du Nouveau Testament au sujet de la résurrection :

Écriture sainte
Nouveau Testament

Après le sabbat, dimanche au lever du jour, Marie de Magdala et l'autre Marie vinrent voir le tombeau. Soudain, il y eut un fort tremblement de terre ; un ange du Seigneur descendit du ciel, vint rouler la grosse pierre et s'assit dessus. Il avait l'aspect d'un éclair et ses vêtements étaient blancs comme la neige. Les gardes en eurent une telle peur qu'ils se mirent à trembler et devinrent comme morts. L'ange prit la parole et dit aux femmes :

« N'ayez pas peur. Je sais que vous cherchez Jésus, celui qu'on a cloué sur la croix ; il n'est pas ici, il est revenu de la mort à la vie comme il l'avait dit. Venez, voyez l'endroit où il était couché. Allez vite dire à ses disciples : "Il est revenu d'entre les morts et il va maintenant vous attendre en Galilée ; c'est là que vous le verrez." Voilà ce que j'avais à vous dire. » Elles quittèrent rapidement le tombeau, remplies tout à la fois de crainte et d'une grande joie, et coururent porter la nouvelle aux disciples de Jésus. Tout à coup, Jésus vint à leur rencontre et dit : « Je vous salue ! » Elles s'approchèrent de lui, saisirent ses pieds et l'adorèrent. Jésus leur dit alors : « N'ayez pas peur. Allez dire à mes frères de se rendre en Galilée : c'est là qu'ils me verront. »

Matthieu 28. 1-10

À la fin de la cérémonie, le soleil brillait à travers les fenêtres du côté est de l'église. Les petites bougies étaient éteintes, mais la bougie pascale brillait toujours. Mme Burry a expliqué que la bougie pascale serait allumée pendant tous les offices jusqu'à la fête de la Pentecôte, qui aura lieu sept semaines plus tard. « Après ça, a-t-elle expliqué, on l'enlèvera du chœur et on la placera à côté des **fonts baptismaux**. La bougie pascale est allumée à chaque célébration de baptême. »

◆ ◆ ◆

Les fonts baptismaux

C'est un grand bassin sur un piédestal contenant de l'eau qui sert au baptême.

Résurrection, 1304-1306, Giotto di Bondone

« Je me souviens, a dit Christelle. Et on allume aussi d'autres bougies avec elle. »

« Oui, a dit son père. C'est un souvenir du rapport important entre le baptême et Pâques, la fête la plus importante de l'année pour les chrétiens. À Pâques, on célèbre la résurrection. Pendant le baptême, une personne est immergée ou baignée dans de l'eau, ce qui symbolise l'enterrement. Quand les chrétiens sortent de l'eau, ils pensent qu'ils sont purifiés. Il y a un passage dans la lettre de Paul aux Romains qui montre bien ce lien. »

Il a lu :

Écriture sainte
Nouveau Testament

*P*ar le baptême, donc, nous avons été mis au tombeau avec lui pour être associés à sa mort, afin que, tout comme le Christ a été ramené d'entre les morts par la puissance glorieuse du Père, nous aussi nous vivions d'une vie nouvelle.

Romains 6. 4

Après la cérémonie, les filles et leurs parents ont rejoint le reste de l'assemblée dans la salle paroissiale pour partager le petit déjeuner. Les gens se saluaient, riaient et parlaient ensemble. Tout le monde avait l'air très heureux d'être ensemble. ❖

As-tu remarqué les fonts baptismaux à côté la bougie ? Dans certaines églises, la bougie pascale est utilisée dans les baptêmes pour rappeler aux chrétiens le lien entre le baptême et Pâques.

Discussion

❑ La cérémonie de Pâques est une célébration de la résurrection, la plus grande célébration chrétienne. Pourquoi les chrétiens célèbrent-ils la résurrection ?

Réflexion

❑ Pour les chrétiens, les bougies allumées symbolisent la lumière du Christ qui arrive dans un monde tout noir. Pense à différentes manières dont, aux yeux des chrétiens, le Christ peut apporter de l'espoir dans le monde.

Activité créatrice

❑ Fais des illustrations qui montrent une nouvelle vie et un renouveau.

Tenir une promesse

En bref — Lucie aide Jean à tenir sa promesse.

« C'est incroyable comme le temps passe vite, a dit Mme Leblanc. Les vacances de Pâques sont déjà terminées et ce sera bientôt l'été ! »

Elle discutait avec ses collègues dans le salon des enseignants.

« Je suis vraiment contente, car mes élèves lisent beaucoup plus cette année. Ils ont commencé à noter les livres qu'ils ont lus après les vacances de Noël. Nous avons regardé les listes aujourd'hui et j'étais étonnée. »

« Formidable ! » a commenté M. Marin, un des enseignants du primaire. « Mes élèves sont plus jeunes que les vôtres, mais ils font des progrès en lecture aussi. Ils adorent qu'on leur lise à haute voix. »

« J'ai une idée ! s'est exclamée Mme Leblanc. Mes élèves de cinquième année pourraient aller lire dans votre classe de première année. Mes élèves pourraient partager leur amour de la lecture. »

« Et je sais que mes élèves aimeraient ça aussi », a répondu M. Marin.

Après avoir parlé de cette idée avec sa classe, Mme Leblanc était contente. La plupart des élèves étaient enthousiastes et Jean et Anne se sont portés volontaires tout de suite. Elle a expliqué que tous ceux qui voulaient lire pourraient le faire mais que Jean et Anne allaient commencer.

« Est-ce qu'on peut choisir les histoires qu'on va lire ? a demandé Anne. J'ai encore des albums chez moi. »

« C'est une idée formidable, Anne ! a dit Mme Leblanc. Jean, je suis certaine que tu pourras trouver ton histoire préférée à la maison ou à la bibliothèque. N'oubliez pas, nous commençons jeudi. »

En rentrant ce soir-là, Jean ne savait pas trop quoi penser. Il avait trouvé l'idée bonne quand il s'était proposé mais maintenant, il avait des doutes. Il n'était pas sûr que les élèves de première année voudraient l'écouter lire.

Il n'a pas parlé du projet de lecture à sa famille. Ce soir-là, quand sa mère l'a trouvé dans le sous-sol à chercher dans une boîte de vieux jouets, elle lui a demandé ce qu'il faisait.

« Rien, a-t-il répondu. Mais il avait trouvé ce qu'il cherchait. C'était un livre que les élèves du primaire aimeraient sans doute. C'était un des livres préférés de Jean quand il était plus jeune.

Dans son lit, ce soir-là, Jean était de plus en plus mal à l'aise. Il savait qu'il s'était proposé pour lire aux élèves de la première année et que Mme Leblanc voulait qu'il tienne sa promesse mais il commençait à douter de pouvoir respecter son engagement. Il se demandait comment s'y prendre pour se désister.

Au petit déjeuner, le jeudi matin, Lucie a remarqué que son frère n'allait pas bien. Jean se tenait la tête entre les mains, jouait avec ses céréales et ne regardait personne.

« Qu'est-ce qu'il y a Jean ? » a demandé Lucie.

« Tu ne te sens pas bien ? » a demandé sa mère.

« Ça va », a répondu Jean. Mais il n'était pas très convaincant.

« Je sais ce qu'il y a, a dit sa sœur Marie. J'ai entendu parler du projet de lecture à l'école. Tu dois lire devant la classe de M. Marin aujourd'hui, n'est-ce pas Jean ? Je parie que tu ne vas pas vouloir le faire. »

Jean a repoussé son bol et a quitté la table. Tout le monde s'est regardé. Lucie a suivi son jeune frère.

« Elle a raison, n'est-ce pas ? » a dit Lucie en entrant dans la chambre de Jean. « Tu hésites, n'est-ce pas ? »

« Je ne sais pas, a dit Jean. Je sais que j'ai dit que j'allais le faire mais je crois que ces enfants ne vont pas être assez intéressés pour rester assis et écouter. Je ne suis pas obligé de le faire. Je vais dire à Mme Leblanc de trouver quelqu'un d'autre. »

« Mais il faut que tu lises, Jean ! Tu t'es engagé et tu dois tenir ta promesse ! »

Lucie a continué : « Cela me rappelle une histoire hindoue dans la Bhagavad-Gîtâ. Je l'ai entendue le jour qu'on est allé au temple hindou l'automne dernier. Il y avait un guerrier appelé Arjuna qui devait partir en guerre, mais il hésitait. Au dernier moment, il s'est rendu compte qu'il devait faire son devoir. C'était un bon soldat et les autres comptaient sur lui. Tu es comme Arjuna. Tu lis bien et tu as fait une promesse. Alors maintenant, tu n'as pas le choix. Tu dois lire à haute voix. Ne t'inquiète pas de la réaction des élèves. Fais-le ! »

En quittant la chambre, Lucie a dit à haute voix : « Je te conduirai à l'école aujourd'hui, mais dépêche-toi. J'ai un cours et je ne peux pas être en retard. Viens, je t'attends dans l'auto. »

Ce soir-là, tout le monde avait hâte de savoir ce que Jean avait fait.

« Comment ça s'est passé ? » lui a demandé Mme Aucoin.

« Pas mal, finalement », a dit Jean en riant.

« Qu'est-ce qui te fait rire ? » a demandé Marie.

« Tu sais, le livre que j'ai lu c'est comme un poème, ça rime. Il y avait un petit qui le savait par cœur et qui finissait toutes les rimes pour moi. Je ne savais pas quoi faire mais Mme Leblanc nous avait dit que le but de ce projet était de partager nos lectures avec les enfants. Alors je m'arrêtais avant le dernier mot et bientôt tous les enfants participaient. »

« On dirait que ça a très bien marché, a dit le père de Jean. Je suis heureux que tu aies parlé avec Lucie. »

« Recommencerais-tu ? » a demandé Lucie.

« Bien sûr, a répondu Jean. C'était assez amusant et peut-être que ça va aider des enfants à aimer la lecture. Je n'avais aucune envie de le faire en me levant ce matin, mais je suis heureux de ne pas avoir abandonné. » ❖

Discussion

❑ Lucie a encouragé son frère Jean à tenir sa promesse. Il a également été influencé par les paroles de la Bhagavad-Gîtâ. D'après toi, comment se serait-il senti s'il n'avait pas fait la lecture aux élèves de la première année ?

❑ Que se serait-il passé si Jean n'avait pas tenu sa promesse de lire devant la classe de M. Marin ? Quelles auraient été les conséquences pour Mme Leblanc, M. Marin et les élèves de la première annèe ?

Réflexion

❑ Penses-tu qu'il est important de tenir ses promesses ?

Activité créatrice

❑ Avec quelques camarades de classe, écris une saynète sur quelqu'un qui a pris un engagement et qui se désiste. Avec ton groupe, présente la saynète aux autres élèves..

Retour en arrière

Les histoires de cette partie expliquent le sens et le rôle important des symboles dans les religions. Lis les phrases suivantes et essaie de trouver qui les a prononcées. Est-ce que ces paroles font référence à un symbole dans les religions sikhe, hindoue ou chrétienne ?

- « Les gens s'inclinent dans sa direction lorsqu'ils entrent. Ils montrent ainsi leur respect pour les paroles contenues dans le livre. »

- « Papa a expliqué que les cheveux longs sont un symbole de leur foi et le turban aide à les protéger. »

- « On voyait le drapeau flotter sur un grand poteau. »

- « Vous verrez les bougies et les lumières s'allumer en même temps. »

- « Les vaches sont sacrées et... les gens ne devraient pas leur faire mal. »

- « Beaucoup de choses qu'on voit dans une église sont symboliques : la croix, les vitraux et même la forme de l'église ont des significations spéciales. »

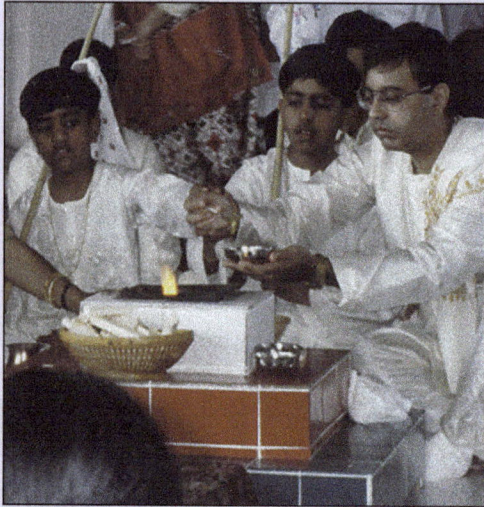

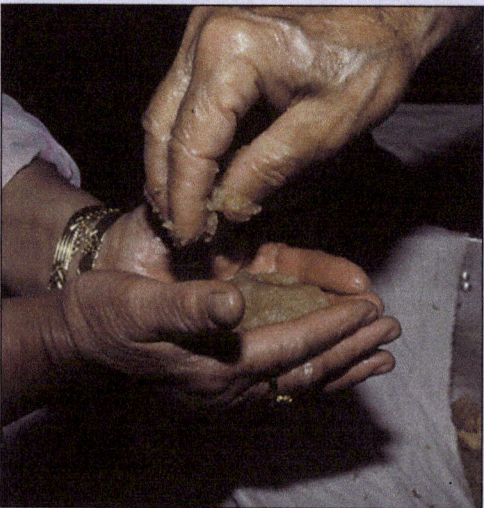
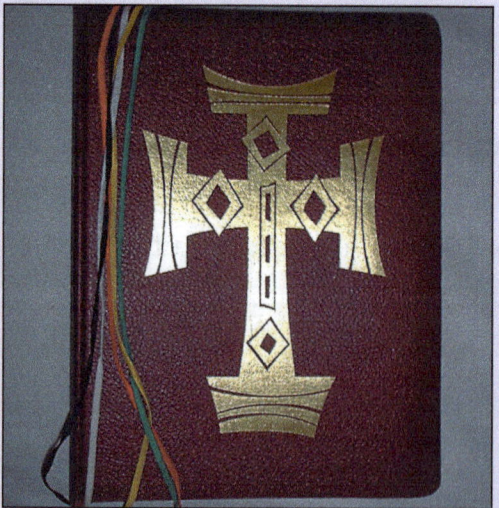

Un nouveau sens à la vie

Quatrième partie

Un changement de direction

En bref — Les élèves de Mme Leblanc découvrent qu'une expérience inattendue peut pousser quelqu'un à changer et à avoir un impact sur le reste du monde.

Il y avait plus de deux cents élèves rassemblés dans le gymnase et pourtant il n'y avait aucun bruit dans la pièce. Bobby Carter les captivait depuis vingt minutes.

« Ce jour-là a changé ma vie, a-t-il dit. Je ne souhaite à personne de vivre la même chose que moi mais ces expériences m'ont transformé. Je suis devenu un bon élève et j'ai appris à bien

On dit que quelqu'un comme Bobby Carter inspire les autres. As-tu déjà entendu quelqu'un comme lui donner des conférences de motivation dans ton école ? Qu'est-ce qui pousse les gens comme Bobby Carter à parler de leurs expériences personnelles en public ?

travailler. Maintenant je suis un conseiller qui aide les jeunes en difficulté. Avant l'accident, j'avais arrêté l'école et j'aurais certainement fini en prison. »

Bobby a raconté aux élèves, qu'un de ses amis et lui avaient volé un camion et qu'ils avaient eu un accident. Son ami avait été tué. Le camion avait pris feu et on avait sorti Bobby juste avant que le véhicule explose. Bobby avait été très gravement brûlé et il a passé des mois à l'hôpital. Il a souffert énormément. Il a mis des années à guérir et on voyait toujours des cicatrices sur son visage et son corps. Bobby leur a parlé de l'humiliation qu'il ressentait quand il était devant des gens avec son visage défiguré.

« Ça a été très difficile de retourner à l'école et d'obtenir mon diplôme de l'école secondaire. Parfois, je crois que je fais peur aux gens », a-t-il dit. Cependant Bobby a réussi. Il est allé à l'université et il aime ce qu'il fait.

Quand les élèves de Mme Leblanc sont revenus dans leur classe, ils étaient tranquilles et pensifs. Bobby avait donné un récit assez détaillé de ses blessures et de la mort de son ami. Mme Leblanc les a encouragés à parler de ce qu'ils avaient entendu.

« Il est vraiment fort pour avoir réussi à surmonter tout ça », a dit Kirpal.

« Il a certainement fait des bêtises avant son accident, a dit Jean. La collision l'a vraiment transformé. »

« Je crois que ça lui a fait voir la vie d'une façon différente », a dit Christelle.

« Oui, a ajouté Anne. Et maintenant, il veut aider les autres à le comprendre aussi. »

D'après toi, que ressentent les élèves quand ils écoutent Bobby Carter ?

« Oui, Anne. Il veut que l'histoire de sa vie ait un effet sur les autres », a dit Mme Leblanc.

« Mais, c'est comme s'il était devenu quelqu'un d'autre après son accident », a dit Deepak.

« C'est vrai, Deepak, a répondu Mme Leblanc. Est-ce que tu trouves ça difficile à croire ? Tout le monde peut changer, tu sais. Souvent la vie des gens prend une autre direction à cause d'une expérience. En religion, on appelle ça une expérience de conversion.

« C'est un bon moment pour vous parler de quelqu'un d'autre, dont la vie a été transformée. D'après le Nouveau Testament cet événement a eu lieu il y a très longtemps. Si ça n'était pas arrivé, le christianisme ne serait peut-être pas devenu une religion importante partout dans le monde.

« Je parle de l'apôtre Paul et du changement qui a eu lieu dans sa vie. Au début Paul, qui avait encore le nom hébreu Saul à ce moment-là, ne croyait pas que Jésus était le Messie. En fait, il détestait ceux qui croyaient en Jésus et son message, et il leur créait beaucoup d'ennuis. Mais, un jour, quand Paul était en route pour la ville de Damas, tout a changé. Je vais vous lire cette histoire comme Paul la raconte dans le Nouveau Testament. »

Mme Leblanc a lu :

Écriture sainte
Nouveau Testament

« J'étais en route et j'approchais de Damas, quand, tout à coup, vers midi, une grande lumière qui venait du ciel brilla autour de moi. Je suis tombé à terre et j'ai entendu une voix qui me disait : "Saul, Saul, pourquoi me **persécutes**-tu ?" J'ai demandé : "Qui es-tu Seigneur ?" La voix a répondu : "Je suis Jésus de Nazareth, que tu persécutes." Mes compagnons ont vu la lumière, mais ils n'ont pas entendu la voix de celui qui me parlait. J'ai demandé alors: "Que dois-je faire, Seigneur ?" Et le Seigneur m'a dit : "Relève-toi, va à Damas et là on te dira tout ce que Dieu t'ordonne de faire." Comme cette lumière éclatante m'avait aveuglé, mes compagnons m'ont pris par la main et m'ont conduit à Damas. »

Actes des Apôtres 22. 6-11

« Après cette expérience, Paul était transformé. Il savait que Dieu voulait qu'il répande la parole de Jésus, le Messie, à travers le monde. C'est exactement ce qu'il a fait. Il a prêché le message que Dieu a agi à travers Jésus pour sauver tout le monde. Son message s'est répandu.

« Après sa conversion, Paul croyait que tous les gens peuvent devenir des enfants de Dieu, a dit Mme Leblanc. Paul a enseigné que ça n'arrive pas à cause de ce qu'ils sont ou de ce qu'ils font. Ça arrive parce qu'ils croient que l'on voit Dieu à travers Jésus-Christ. Paul appelle ça la foi.

❖ ❖ ❖

Persécuter
Chasser ou punir quelqu'un à cause de ses convictions

149

« Paul a aidé le christianisme à devenir une religion importante dans l'ancien monde mais aussi dans notre monde d'aujourd'hui.

« Selon le Nouveau Testament, Paul a voyagé et a fondé des groupes de chrétiens. On a appelé ces groupes des congrégations. Quand il a continué à voyager, il envoyait des lettres à ces congrégations. Dans ces lettres, il exprimait qu'il croyait en Jésus et il guidait les premiers chrétiens. Par exemple, dans ses lettres aux Galates, il exprimé sa foi de cette façon : "Car vous êtes tous enfants de Dieu par la foi qui vous lie à Jésus-Christ." Les lettres de Paul sont toujours importantes pour les chrétiens et elles les guident dans leur foi.

« Alors, a dit Mme Leblanc à la fin de la classe, comme vous le voyez, voici une autre histoire qui montre qu'une expérience peut complètement faire changer quelqu'un de direction. » ❖

La conversion de St. Paul, 1601, Caravaggio

➡ Caravaggio était un artiste italien qui a peint sa version de la conversion de Paul dans ce tableau. Qu'arrive-t-il à une personne qui se convertit ? Connais-tu quelqu'un qui s'est converti ? En quoi sa vie a-t-elle changée ? Qu'est-ce qui a provoqué le changement ?

Discussion

❑ Dans cette histoire, vous avez appris des choses au sujet des expériences d'un homme qui vit maintenant et d'un autre qui vivait au début du christianisme. En quoi leurs expériences se ressemblent-elles ? En quoi sont-elles différentes ?

Réflexion

❑ Penses-tu qu'il est possible que quelqu'un de ton âge aide les autres comme Bobby aide les autres ? Que peux-tu faire ?

Le fil sacré de coton

En bref Deepak explique la signification du fil sacré de coton.

Un samedi matin, de bonne heure, Jean a rencontré Kirpal et Deepak tout près de chez Kirpal. Ils sont partis ensemble vers le gymnase de l'école secondaire. Ils avaient été sélectionnés pour faire partie de l'équipe de ballon-panier de leur région. Les joueurs de l'équipe devaient s'entraîner ensemble pendant le printemps et l'été.

Les garçons ont essayé de ne pas montrer qu'ils étaient nerveux. Ils avaient entendu dire que leur entraîneur était exigeant et qu'il était sévère avec ceux qui ne répondaient pas à ses attentes. Ils se demandaient s'ils connaîtraient d'autres membres de l'équipe. Ils savaient qu'ils étaient les seuls de leur école qui avaient été sélectionnés. Ils avaient

entendu dire que la plupart des joueurs étaient plus âgés qu'eux.

Ils étaient partis de bonne heure et ils étaient les premiers arrivés. Les portes étaient fermées à clé. Ils se sont assis sur les marches à l'extérieur du gymnase et ils se sont appuyés contre le mur.

Au début, aucun des trois ne parlait. Puis, Jean a brisé ce silence nerveux.

« Voilà quelque chose de nouveau pour nous, une nouvelle équipe, un nouvel entraîneur et un nouveau gymnase. J'ai dit à mon père que j'avais un peu peur. Il a dit que c'était bon pour nous de faire de nouvelles choses. Ça nous prépare pour la vie. »

« Oui, mais je suis vraiment nerveux », a dit Kirpal.

« Papa a dit que c'était normal d'être nerveux quand on commençait quelque chose de nouveau, a expliqué Jean. Il a dit qu'on aurait peut-être peur en y pensant car c'est différent, quelque chose qu'on n'a jamais fait avant. »

« Je crois que je comprends ce que veut dire ton père, a dit Deepak. C'est comme lorsque je suis allé en Inde il y a quelques années, quand j'avais sept ans. Je me suis retrouvé là-bas dans un endroit inconnu, avec beaucoup de gens que je ne connaissais pas ; je faisais des choses que je n'avais jamais faites avant. »

« Qu'est-ce que c'était ? » a demandé Kirpal.

« C'est quand j'ai reçu mon fil sacré de coton », a répondu Deepak.

« Qu'est-ce que c'est ? » a demandé Jean.

« C'est une bande de fil en coton qu'on donne aux jeunes hindous entre leur septième et leur huitième anniversaire. On l'enroule autour de l'épaule gauche et sous le bras droit. On la porte pour montrer qu'on est assez âgé pour étudier l'hindouisme. »

« Qu'est-ce que tu as dû faire pour recevoir ton fil sacré de coton ? » a demandé Kirpal.

Pendant la cérémonie du fil sacré de coton, on dit une prière au Seigneur Ganesha pour qu'il soit présent et qu'il fasse disparaître les problèmes. Remarque que les gens dans la photo regardent le Seigneur Ganesha.

« Il a fallu que j'apprenne un verset sacré hindou qu'on appelle un mantra en sanskrit, la langue sacrée de l'hindouisme. J'ai dû le réciter pendant la cérémonie spéciale, a expliqué Deepak. La plupart des écritures saintes hindoues sont écrites en sanskrit. »

« Alors il a fallu que tu récites ce mantra ? C'est tout ? » a demandé Jean.

« Non, ce n'est pas tout, a répondu Deepak. Il a fallu que j'aille dans le temple de la ville natale de mon père où j'ai rencontré beaucoup de membres de la famille pour la première fois. Il a aussi fallu que je porte des vêtements traditionnels indiens. »

Les élèves sont bénis devant un feu sacré pendant l'Upanayana, que l'on appelle aussi la cérémonie du fil sacré de coton.

Jean était très intéressé. « Et qu'est-ce qui s'est passé après ? » a-t-il demandé.

« Il a fallu que je récite le mantra au prêtre. J'étais très nerveux mais je me suis concentré. Mon père et mes oncles m'ont dit que j'avais bien réussi. Après ça, le prêtre a dit des prières. Puis, il a placé le fil sur mon épaule. »

« Alors à quoi sert ce fil sacré ? » a demandé Kirpal.

« Nous appelons la cérémonie du fil sacré de coton l'*Upanayana*. Elle remonte à des milliers d'années, a dit Deepak. Dans le passé, un jeune garçon habitait avec sa famille jusqu'à l'âge de sept ou huit ans. Puis, il était temps qu'il aille étudier les écritures et qu'il en apprenne plus sur son rôle et ses responsabilités en tant qu'individu et en tant que membre de la communauté. Il pouvait le faire avec son père ou il pouvait aller étudier avec un gourou, un professeur spécialisé. »

« Mais, tu n'es pas parti, n'est-ce pas ? » a demandé Kirpal.

« Non, a continué Deepak. Aujourd'hui, les garçons reçoivent toujours le fil sacré, mais ils n'ont plus besoin de quitter leurs familles et d'aller ailleurs pour étudier avec un gourou. Mais, la remise du fil sacré veut toujours dire qu'on est plus mûr et qu'on est capable de mieux comprendre notre foi. »

« Quand on reçoit le fil sacré, c'est comme si on avait grandi et qu'on entrait dans un nouveau stade de la vie. »

« On dirait que la cérémonie du fil sacré de coton ressemble plus ou moins à la confirmation dans mon église, a dit Jean. Je vais recevoir la confirmation dans deux ans. Ça veut dire que je serai devenu un chrétien responsable dans l'église. Il va falloir que j'aille à l'avant de l'église et que je me tienne debout devant l'évêque. Il placera ses mains sur ma tête et m'accueillera en tant que membre à part entière de la communauté chrétienne. »

Cela a rappelé à Kirpal une cérémonie d'initiation dans la tradition sikhe. « Je vais devenir membre à part entière de la communauté sikhe dans une cérémonie qui s'appelle *amrit sanskar*. Elle aura lieu dans le temple ou la gurdwara. On doit se tenir debout devant le Gourou Granth Sahib, le livre sacré sikh. Je n'en sais pas encore beaucoup plus mais je sais que amrit, c'est l'eau sucrée et il faut en boire pendant la cérémonie.

Le gourou offre un mantra secret aux élèves pendant l'Upanayana.

Les garçons se sont tus pendant un moment et puis Deepak a parlé.

« Tu sais, c'est drôle. Pendant que nous attendions le début de l'entraînement, j'ai eu le même sentiment étrange que j'ai eu avant la cérémonie du fil sacré de coton dans le temple. »

Les garçons ont remarqué que plusieurs voitures arrivaient dans le parc de stationnement de l'école. Leurs coéquipiers arrivaient.

Tout à coup, les portes du gymnase se sont ouvertes derrière eux.

« Eh, les gars ! C'est super de vous avoir avec nous, a dit l'entraîneur. Allez, dépêchez-vous ! Entrez ! Dans cinq minutes je veux voir tout le monde habillé et sur le terrain. Allez ! » ❖

Partout dans le monde, les hindous pratiquent l'Upanayana.

Discussion

❑ Décris une fois où tu as dû faire quelque chose pour la première fois. Qu'est-ce que tu as ressenti ?

❑ Deepak explique le sens du fil sacré de coton. Qu'est-ce que ses explications t'ont appris ?

❑ Pour les hindous, la cérémonie du fil sacré de coton est une tradition importante qui arrive à un certain moment de leur vie. Peux-tu penser à des cérémonies comme celle-ci dans d'autres religions ?

Allons plus loin

❑ Pendant la cérémonie du fil sacré de coton, Deepak a récité un mantra. Qu'est-ce qu'un mantra ? À quels autres moments les gens récitent-ils des mantras ?

Des histoires de poissons

En bref

Les élèves de la classe de Mme Leblanc découvrent un symbole important du christianisme.

Jean était en colère. « Pourquoi est-ce que quelqu'un ferait ça ? » a-t-il demandé.

« Qu'est-ce qui va se passer quand ils trouveront les gens qui l'ont fait ? » a demandé Kirpal.

« Est-ce que nos poissons vont bien ? » a demandé Anne.

Mme Leblanc voyait comme ses élèves étaient bouleversés. Ils avaient dû quitter

leur propre salle de classe et maintenant ils étaient assis dans une salle de classe complètement vide.

Mme Leblanc leur a expliqué que les poissons étaient morts.

« M. Martin, le directeur de l'école, m'a téléphoné ce matin pour m'annoncer une mauvaise nouvelle. Des vandales sont entrés dans l'école pendant la nuit. Ils ont cassé une fenêtre de notre salle de classe pour entrer. Ils ont fait beaucoup de dégâts. Mais le pire, c'est qu'ils ont cassé l'aquarium. »

« Nous avions pris tellement soin de ces poissons ! » s'est exclamée Christelle.

« Quel genre d'individu ferait une chose pareille ! » a dit Louise.

« Qui a fait ça ? a demandé Deepak. C'est ça que je veux savoir. »

« Moi aussi », a ajouté Jean.

« Nous ne le saurons peut-être jamais », a dit Mme Leblanc.

« Mais, ce n'est pas juste ! a dit Louise. Ils ne seront même pas punis d'avoir tué nos poissons. »

« Tu as raison. C'est tout à fait possible, a répondu Mme Leblanc. Nous n'aurons peut-être jamais de réponses à nos questions. Mais, pensons à ce que vous ressentez. »

« Je suis fâché, a dit Jean avec colère. Il n'y avait aucune raison de faire ça et maintenant les poissons sont morts et notre classe est en désordre. »

« Et moi, ça me bouleverse, a ajouté Christelle. Je ne sais pas pourquoi on peut faire une chose pareille. Ça n'a aucun sens pour moi. »

Plusieurs autres élèves ont partagé leurs sentiments au sujet du vandalisme dans leur classe. La discussion a continué pendant presque toute la période.

« Nous ne savons pas vraiment pourquoi on peut faire quelque chose comme ça. Mais nous allons continuer à en parler. Quand ça ne va pas bien, ça fait du bien d'en parler. Maintenant, la cloche va sonner l'heure de la récréation. Il fait trop mauvais pour sortir. M. Martin a prévu des activités dans le gymnase. »

Lorsque les élèves sont revenus dans leur classe temporaire après la récréation,

l'ambiance était un peu différente. Christelle, Anne et Louise étaient restées après le départ des autres. Elles avaient trouvé des craies de couleur et du papier et avaient dessiné des poissons multicolores pour décorer les murs nus de la salle.

« Mais, c'est très beau ! s'est exclamée Mme Leblanc. Ces dessins nous aideront à nous remettre de la perte de nos poissons. En plus, ils nous donnent le point de départ de notre classe d'enseignement religieux d'aujourd'hui. »

Mme Leblanc a pris une craie et a dessiné un poisson au tableau.

◆ ◆ ◆

Les graffiti
Des inscriptions dessinées sur un mur

« Il est moins beau que les poissons que vous avez faits, mais c'est un symbole important du christianisme. Le saviez-vous ? »

Mme Leblanc a poursuivi. « Au début du christianisme, les chrétiens étaient persécutés à cause de leurs croyances religieuses et ont dû prier en cachette. Ils utilisaient le symbole du poisson, comme celui que j'ai dessiné ici pour montrer aux autres chrétiens où ils se réunissaient. Ils le dessinaient sur les murs et les autorités pensaient que c'étaient seulement des **graffiti**. Mais pour eux, c'était bien plus que des barbouillages. Parfois, ils utilisaient ce symbole pour s'identifier secrètement comme chrétiens. Un chrétien dessinait la moitié supérieure d'un poisson par terre ou dans le sable. Si l'autre était capable de compléter le dessin, ils se reconnaissaient comme chrétiens. »

« Comme une poignée de main secrète », a dit Deepak.

« Pourquoi ont-ils choisi le poisson comme symbole ? » a demandé Anne.

« Le symbole du poisson a beaucoup de significations différentes, a répondu Mme Leblanc. Pour ces chrétiens, il leur rappelait Jésus. Pour eux, il voulait dire que Jésus était le Sauveur et le Fils de Dieu.

« Ils se souvenaient aussi du fait que les premiers disciples de Jésus étaient des pêcheurs et qu'il leur avait dit qu'ils deviendraient des pêcheurs d'hommes. Écoutez ce texte de l'Évangile de Luc et essayez de comprendre ce qu'il a voulu dire :

Écriture sainte
Nouveau Testament

Un jour, Jésus se tenait au bord du lac de Génésareth et la foule se pressait autour de lui pour écouter la parole de Dieu. Il vit deux barques près de la rive : les pêcheurs en étaient descendus et lavaient leurs filets. Jésus monta dans l'une des barques, qui appartenait à Simon, et pria celui-ci de s'éloigner un peu du bord. Jésus s'assit dans la barque et se mit à donner son enseignement à la foule. Quand il eut fini de parler, il dit à Simon : « Avance plus loin, là où l'eau est profonde, puis, toi et tes compagnons, jetez vos filets pour pêcher. » Simon lui répondit : « Maître, nous avons peiné toute la nuit sans rien prendre. Mais puisque tu me dis de le faire, je jetterai les filets. » Ils les jetèrent donc et prirent une si grande quantité de poissons que leurs filets commençaient à se déchirer.

Ils firent alors signe à leurs compagnons qui étaient dans l'autre barque de venir les aider. Ceux-ci vinrent et, ensemble, ils remplirent les deux barques de tant de poissons qu'elles enfonçaient dans l'eau. Quand Simon Pierre vit cela, il se mit à genoux devant Jésus et dit : « Éloigne-toi de moi, Seigneur, car je suis un homme pécheur ! » Simon, comme tous ceux qui étaient avec lui, était en effet saisi de crainte, à cause de la grande quantité de poissons qu'ils avaient pris. Il en était de même des compagnons de Simon, Jacques et Jean, les fils de Zébédée. Mais Jésus dit à Simon : « N'aie pas peur ; désormais, ce sont des hommes que tu prendras. » Ils ramenèrent alors leurs barques à terre et laissèrent tout pour suivre Jésus.

Luc 5. 1-11

Quand Mme Leblanc a fini de lire, Jean lui a demandé : « Que veut dire Jésus quand il dit "ce sont des hommes que tu prendras" ? »

« Il ne veut pas dire que les disciples doivent utiliser des filets pour attraper des gens », a dit Anne.

« Non, je ne crois pas, a répondu Mme Leblanc. Je crois que Jésus a voulu dire qu'il voulait que ses disciples rassemblent des gens pour que tout le monde puisse partager l'amour de Dieu. »

« Est-ce qu'il n'y a pas une histoire dans laquelle Jésus nourrit beaucoup de gens seulement avec cinq pains et deux poissons ? » a demandé Christelle.

« Tu as raison, a répondu Mme Leblanc. Cette histoire-là nous montre comment Jésus prend soin des malades et des gens qui n'ont rien à manger.

« Alors, vous voyez comme le poisson est devenu un symbole important du christianisme. Il rappelle aux chrétiens Jésus et ses paroles et aussi la foi des premiers chrétiens. Même aujourd'hui, quelquefois, on voit des autocollants sur des pare-chocs de voitures qui montrent un poisson qui symbolise la foi en Jésus. »

À la fin de la journée, Mme Leblanc a dit : « Je sais qu'il va falloir du temps avant de se sentir mieux après tout ça. Il y a eu un incident et nos poissons ne sont plus là. Mais nous avons parlé de poissons en tant que symbole d'amour et de compassion. Rappelez-vous qu'il n'y a pas beaucoup de gens dans le monde qui font mal aux autres par exprès. Le message de toutes les religions est qu'il faut aimer et prendre soin des autres. J'espère que vous allez y réfléchir et commencer à vous sentir mieux. » ❖

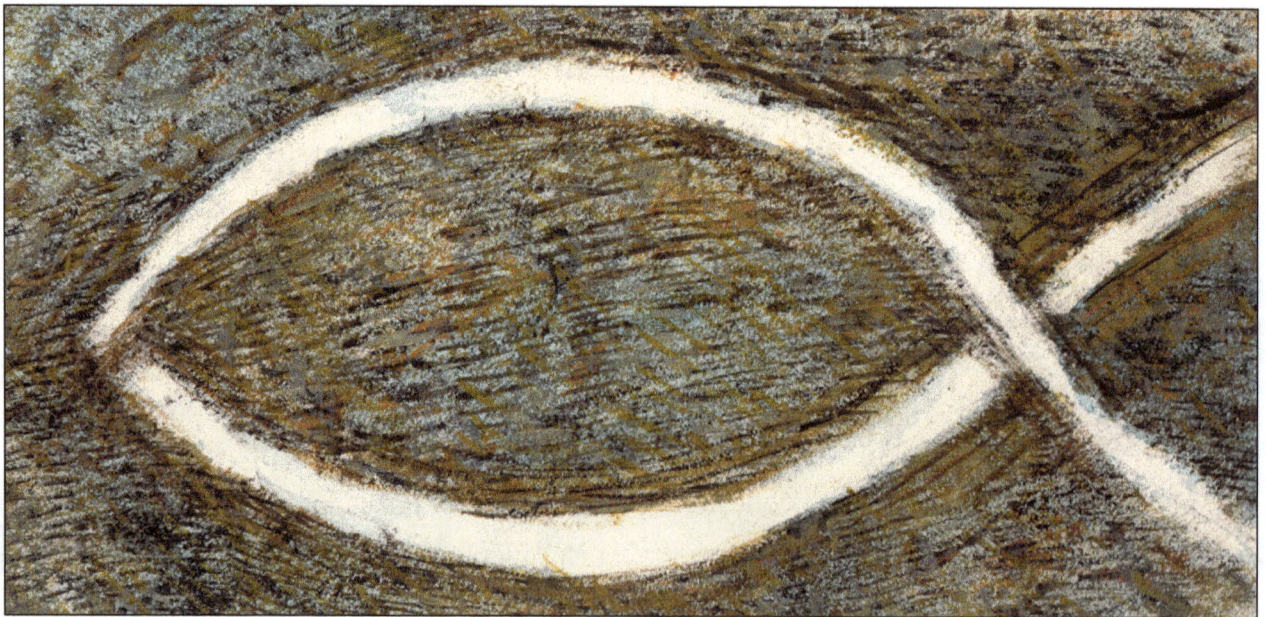

Le poisson est un symbole chrétien.

Discussion

❑ Que ferais-tu si des vandales étaient entrés dans ton école ?

❑ Jean a demandé pourquoi quelqu'un ferait ça. Quelle réponse lui donnerais-tu ?

❑ Les premiers chrétiens n'étaient pas libres de pratiquer leur religion. Ils utilisaient le symbole du poisson pour dire aux gens où ils se réunissaient. Ils auraient été punis s'ils avaient été découverts là où ils se cachaient. Pourquoi est-il important d'avoir la liberté de pratiquer sa religion ?

Activité créatrice

❑ Il y a plusieurs raisons pour lesquelles le poisson est un symbole important du christianisme. En petits groupes, choisissez une des raisons et écrivez une courte pièce ou une saynète pour illustrer l'importance du poisson comme symbole.

De la colère au pardon

En bref La prière aide Jean à comprendre l'importance du pardon.

Après la fin de la classe ce jour-là, Jean est sorti de l'école tout seul. Ses amis allaient rester un peu pour jouer au ballon-panier mais Jean n'en avait pas envie. Il était encore en colère. Il est rentré à la maison par le chemin le plus long car il voulait réfléchir.

À l'heure du repas, il a remarqué qu'il y avait une assiette supplémentaire sur la table.

Sa mère lui a expliqué : « Le père Julien va manger avec nous ce soir. Va te laver les mains. Nous sommes presque prêts à manger. »

Quand Jean est venu rejoindre la famille à table, Marie avait déjà raconté les dégâts à l'école.

« M. Martin a voulu nous réconforter. Alors nous avons fait des activités dans le gymnase et nous avons eu une longue récréation, a dit Marie. C'était amusant ! »

« Ce n'était pas formidable, a dit Jean. Tu dis ça parce que ce n'est pas ta classe qui a été endommagée. »

« Qu'est-ce qui est arrivé à ta classe, Jean ? » a demandé Lucie.

« Quelqu'un a cassé la fenêtre pour entrer. Il y avait du verre partout. Mais le pire, c'est qu'ils ont cassé notre aquarium et tous nos poissons sont morts. »

« C'est incroyable ! a dit Lucie. Qu'est-ce qui pousse les gens à faire des choses qui n'ont aucun sens ? »

« Je ne sais pas, a dit Jean. Mais j'espère qu'il leur arrivera un malheur. »

« Eh, attendez, a dit M. Aucoin. Jean, je vois bien que tu es très bouleversé. Mais on devrait dire la prière ou ce repas sera tout froid. Père Julien, pouvez-vous la dire pour nous ce soir ? »

« Avec plaisir », a dit le père Julien.

Après la prière, le père Julien a ajouté : « J'aimerais que nous disions le Notre Père ensemble, la prière que Jésus nous a enseignée. Je crois que nous avons besoin de l'entendre ce soir. » Tous les membres de la famille ont joint les mains et ont baissé la tête. Ils ont prié ensemble.

« Notre Père qui es aux cieux, que ton nom soit sanctifié, que ton règne vienne, que ta volonté soit faite sur la terre comme au ciel. Donne-nous aujourd'hui notre pain de ce jour. Pardonne-nous nos offenses, comme nous pardonnons aussi à ceux qui nous ont offensés. Et ne nous soumets pas à la tentation, mais délivre-nous du Mal. »

« Merci, Père Julien. Tu avais raison. Je pense vraiment que nous avions besoin d'entendre cette prière », a dit Mme Aucoin.

« Jean, a dit le père Julien. Tu as l'air très fâché. »

« Oui, a dit Jean. Oui, c'est normal, n'est-ce pas ? »

Le père Julien a fait oui de la tête. « Tu as le droit d'être en colère. Il n'y a pas de doute. Toutes les religions, pas seulement le christianisme, disent que l'on ne doit pas faire des choses qui peuvent blesser les autres. Mais il faut que tu dépasses ta colère. Il faut que tu pardonnes. »

« Jamais ! Pardonner à ceux qui… » a commencé Jean.

« Attends une minute, a dit le père Julien en l'interrompant. Pense à ce que Jésus nous enseigne. Le Notre Père nous dit de pardonner. »

« Est-ce que Dieu accepte et pardonne à ces vandales qui sont entrés dans notre classe pour voler ? » a demandé Jean.

« Je crois que s'ils regrettent ce qu'ils ont fait, Dieu leur pardonnera, a dit le père Julien. Et nous devons le faire, nous aussi. »

« Il y a seulement une semaine, Jean, tu nous parlais de ce jeune homme qui avait besoin d'être pardonné et accepté », a dit Mme Aucoin.

« Tu veux dire Bobby Carter ? » a demandé Jean.

« Oui, a dit Mme Aucoin. Bobby a fait des erreurs. Si les gens ne l'avaient pas accepté et pardonné, il n'aurait peut-être pas pu se transformer et avoir un impact sur les autres. »

« Tu as sans doute raison », a dit Jean. Il s'est calmé et se sentait un peu mieux. « Même si je comprends ce que tu veux dire, ce n'est pas facile. Chaque fois que je pense aux choses stupides que ces gens ont faites, je veux agir. »

« Je suis d'accord. Il est parfois très difficile de pardonner, a dit le père Julien. Tu ne peux pas changer ce qui est arrivé. Mais, tu peux changer ta façon d'y réagir en oubliant ta colère et en pardonnant. »

« C'est vrai, a dit Jean. Je me sens mieux maintenant. J'imagine que ce serait bien si les gens qui sont entrés dans notre école recevaient de l'aide et trouvaient autre chose à faire plutôt que de détruire. » ❖

Les gens se réunissent pour prier ensemble.

Discussion

❑ En quoi est-ce que le Notre Père a aidé Jean à comprendre l'importance du pardon ?

❑ Pourquoi est-ce que le père Julien veut que Jean pardonne aux vandales qui sont entrés dans sa classe et ont abîmé l'aquarium ? Penses-tu que Jean devrait pardonner à ceux qui ont fait les dégâts ? Explique pourquoi.

Réflexion

❑ Dans cette histoire, les membres de la famille Aucoin prient tous ensemble. Pourquoi les gens prient-ils ? Est-ce que les gens prient toujours en groupe ou est-ce qu'il y a des moments où les gens prient seuls ou en silence ?

Une lecture continue

En bref   Kirpal découvre l'importance des écritures saintes et leur lien étroit avec l'histoire de la religion sikhe.

« Eh Jean ! a dit Kirpal à son ami Jean en rentrant à la maison. Pourrais-tu me rendre un service ? Dis à l'entraîneur que je ne peux pas aller à l'entraînement cette fin de semaine. »

Jean s'est arrêté et a regardé son ami. « Ah bon, pourquoi ? a-t-il demandé. Es-tu malade ou blessé ? »

« Non, je vais passer du temps avec ma famille. Ce seront les cinquante ans de mariage de mes grands-parents, a répondu Kirpal. J'ai prévenu M. Tucker la semaine dernière. J'ai peur qu'il oublie, c'est tout. »

« Pas de problème ! » a répondu Jean.

De retour à la maison, Kirpal a demandé à sa mère ce qui allait se passer cette fin de semaine.

« Comme tu le sais, ce sera les cinquante ans de mariage de tes grands-parents, lui a rappelé sa mère. Nous aurons beaucoup d'invités à la maison. Pour célébrer cette occasion, nous organisons la lecture des écritures saintes sikhes, le Gourou Granth Sahib. Ça s'appelle le *Akhand Path* ou la lecture continue, a répondu Mme Singh. Te souviens-tu quand nous l'avons faite, il y a quelques années ? Nous avons lu les 1430 pages sans nous arrêter. Il faut quarante-huit heures pour lire du début à la fin. »

« Est-ce que je pourrais rester debout toute la nuit ? » a demandé Kirpal.

Sa mère a souri. « Je ne crois pas que quelqu'un reste éveillé pendant toute la lecture. Mais, il y aura toujours quelqu'un de présent pour la lecture. Je dois préparer la nourriture pour les gens qui viendront nous rendre visite. Et il y a beaucoup de choses que tu pourras faire pour m'aider. »

Kirpal s'est demandé comment il pourrait l'aider. Il savait qu'on ne lui demanderait pas de lire car le Gourou Granth Sahib est écrit en pendjabi. Son père lui a appris que ce livre saint renferme des hymnes et des poèmes à la gloire de Dieu. En plus, le Gourou Granth Sahib renferme des règles morales et éthiques que les gens peuvent suivre pour être plus près de Dieu.

Le samedi matin, les gens sont arrivés de bonne heure chez les Singh. La plupart des hommes portaient des turbans. Presque toutes les femmes portaient des robes longues de style indien. Beaucoup d'enfants accompagnaient leurs parents.

En bas, dans le grand salon confortable, le Gourou Granth Sahib était installé sur un petit piédestal. On avait enlevé la plupart des meubles de la pièce pour que tout le monde puisse s'asseoir par terre. La pièce lui rappelait un peu la gurdwara qu'il avait visitée à Surrey.

Les grands-parents de Kirpal se sont assis. La cérémonie a commencé avec la bénédiction d'un plat en argent rempli de prasads. Après cette prière, on en a distribué à toutes les personnes dans la pièce.

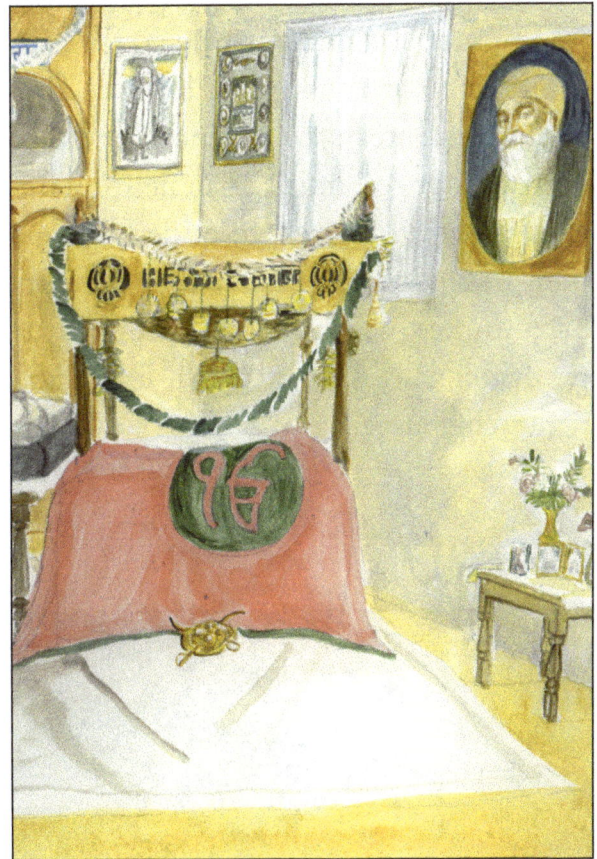

Le Gourou Granth Sahib repose sur son piédestal décoré. Les sikhs traitent toujours le Gourou Granth Sahib avec beaucoup de respect. Tout le monde doit être en face de lui et il doit être placé dans un endroit où tout le monde peut le voir.

Pendant que l'on servait les prasads, la mère de Kirpal lui a murmuré : « Souviens-toi, je t'ai dit que les chefs sikhs ont fabriqué les premiers prasads il y a plus de quatre siècles. C'est une nourriture rituelle et humble que tout le monde peut manger. C'est pour renforcer l'idée que nous sommes tous égaux devant Dieu. »

Quand tout le monde a fini de manger les prasads, la lecture des écritures saintes a commencé. La mère de Kirpal et ses amis s'assuraient qu'il y avait assez de nourriture et de boissons pour les invités. La cuisine doit toujours être ouverte pour tous ceux qui participent à l'Akhand Path. C'est une règle religieuse.

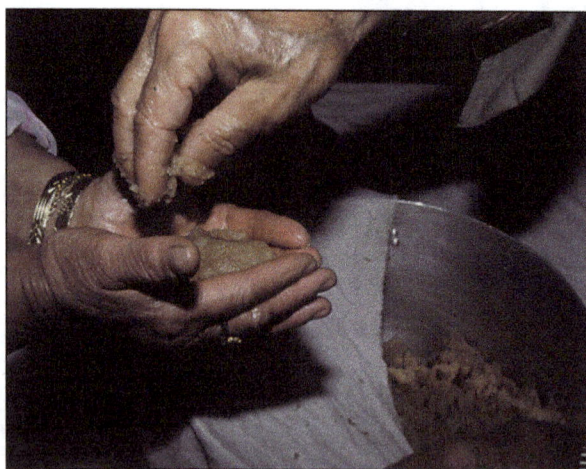

Le partage des prasads montre que tous les gens sont égaux devant Dieu. Qu'est-ce que ça veut dire être égaux aux yeux de Dieu ?

C'était excitant pour Kirpal. Sa maison lui semblait très différente, pleine d'inconnus, de nourriture différente et bien sûr, il y avait le bruit continu d'une voix qui lisait. Il y avait toujours quelqu'un qui lisait le Gourou Granth Sahib.

« Tu sais que les sikhs croient que le Gourou Granth Sahib est le gourou vivant ou le professeur de la religion sikhe, a expliqué le père de Kirpal. On ne vénère pas le livre, on ne vénère que Dieu. Nous traitons le livre avec autant de respect que nous traitons un professeur. »

« Alors, comment peut-on montrer du respect à un livre ? » a demandé Kirpal.

« Il est installé sur un piédestal pour que tout le monde voie le livre et la personne qui lit. C'était comme ça au début de notre religion. Nos professeurs étaient toujours assis plus haut que les gens. Et, puisqu'il faisait chaud dans le nord de l'Inde, quelqu'un était debout à côté et secouait un éventail sur le professeur ou le gourou pendant qu'il enseignait. Nous allons continuer cette tradition. Toi, et quelques autres jeunes, vous secouerez un éventail, fabriqué avec du crin de cheval, au-dessus du Gourou Granth Sahib. »

Kirpal était heureux que son père lui apprenne ce qu'il pouvait faire pour aider pendant la cérémonie. « Parfait, dis-moi quand », a-t-il répondu.

Kirpal était intéressé par la cérémonie et il a trouvé un moment tranquille plus tard dans la journée pour poser une autre question à son père. « Papa, comment notre religion a-t-elle commencé ? »

« La religion sikhe est une jeune religion quand on la compare à beaucoup d'autres. Elle est née dans la dernière année du 15ᵉ siècle dans la région de Pendjab, dans le nord de l'Inde. D'après la tradition sikhe, notre premier grand professeur, le Gourou Nanak Dev, est tombé dans un fleuve et il en est ressorti trois jours plus tard en disant qu'il avait eu une conversation avec Dieu. Voici son message : "Les divisions, les disputes et les conflits entre les différentes religions autour de nous ne sont pas le signe d'une vraie religion."

« Après ça, la religion sikhe, une religion qui traite tout le monde de façon égale, est apparue. Neuf autres gourous ont suivi le Gourou Nanak Dev. Le dixième gourou, Gobind Singh, est devenu célèbre pour les cinq symboles de la religion sikhe : les cheveux et la barbe non coupés, un peigne dans les cheveux, un bracelet de métal, un style

particulier de shorts et une épée de cérémonie à porter tout le temps. »

« Ce sont les cinq k, n'est-ce pas ? » a demandé Kirpal.

Son père a souri et a fait oui de la tête. Il était content des connaissances de son fils. « Le Gourou Gobind Singh, a-t-il continué, a aussi écrit un livre sacré. C'est le Gourou Granth Sahib que nous lisons aujourd'hui. Quand le Gourou Gobind Singh était mourant en 1708, il a déclaré à ses disciples que le Gourou Granth Sahib deviendrait leur gourou.

« Nous devrions descendre maintenant, a dit le père de Kirpal. Il sera bientôt l'heure de changer de lecteurs. »

En bas, M. Bélanger lisait toujours. Puis, Mme Martin est allée à côté de lui. M. Bélanger a continué à lire et Mme Martin a lu avec lui.

Ils ont lu ensemble pendant un petit moment. Quand ils sont arrivés à la fin de la partie de M. Bélanger, il s'est arrêté et Mme Martin a continué toute seule.

Un sikh lit un passage du Gourou Granth Sahib en secouant un *chauri*, un éventail qui symbolise l'importance de ces écritures saintes. Dans les pays orientaux, les chefs ont souvent des gens qui secouent des éventails qui ressemblent à des chauris, pour eux.

C'est comme une course de relais où les coureurs se passent le relais, a pensé Kirpal. Chaque nouveau lecteur récite quelques lignes avec le lecteur précédent avant de continuer seul. C'est pour s'assurer qu'il n'y a jamais de coupure.

Et ça a continué. Kirpal n'est pas resté éveillé toute la nuit. Il a eu l'occasion de jouer dans sa chambre, avec des amis qui étaient venus de loin. Ses parents et ses grands-parents étaient très fatigués quand tout était terminé de bonne heure le lundi matin. Tout le monde était d'accord pour dire que c'était un bel hommage aux cinquante ans de vie commune du vieux couple. C'était aussi une occasion pour les membres de la communauté sikhe de se retrouver et d'exprimer leur foi de cette façon spéciale. ❖

Le Gourou Granth Sahib

Discussion

❑ Qu'est-ce que c'est le Gourou Granth Sahib ? Comment est-ce que les membres de la religion sikhe montrent leur respect pour ce livre ?

❑ Quel rôle est-ce que le Gourou Granth Sahib joue dans la religion sikhe ?

Réflexion

❑ Ceux qui pratiquent la religion sikhe essaient de traiter tout le monde de façon égale. Qu'est-ce que ça veut dire ?

Du début à la fin

En bref — Jean apprend que les chrétiens lisent la Bible pour exprimer leur foi.

Quand Jean est arrivé à l'école le lundi suivant, Kirpal l'attendait pour lui raconter sa fin de semaine. Quand Jean a entendu Kirpal décrire la lecture continue, il s'est rendu compte que sa famille allait faire quelque chose de semblable. « Ma famille va à l'église ce soir parce que nous allons lire la Bible. Quelle coïncidence ! »

« Je croyais que tu allais à l'église le dimanche », a répondu Kirpal.

« Oui, mais c'est différent. Comme ta famille la fin de semaine dernière, nous faisons une lecture spéciale de la Bible et je dois lire un passage ce soir. Les chrétiens de différentes églises de toute la ville lisent la Bible entière en une dizaine de jours. Tout le monde lit, des grands-parents aux jeunes enfants, et ce soir c'est mon tour. »

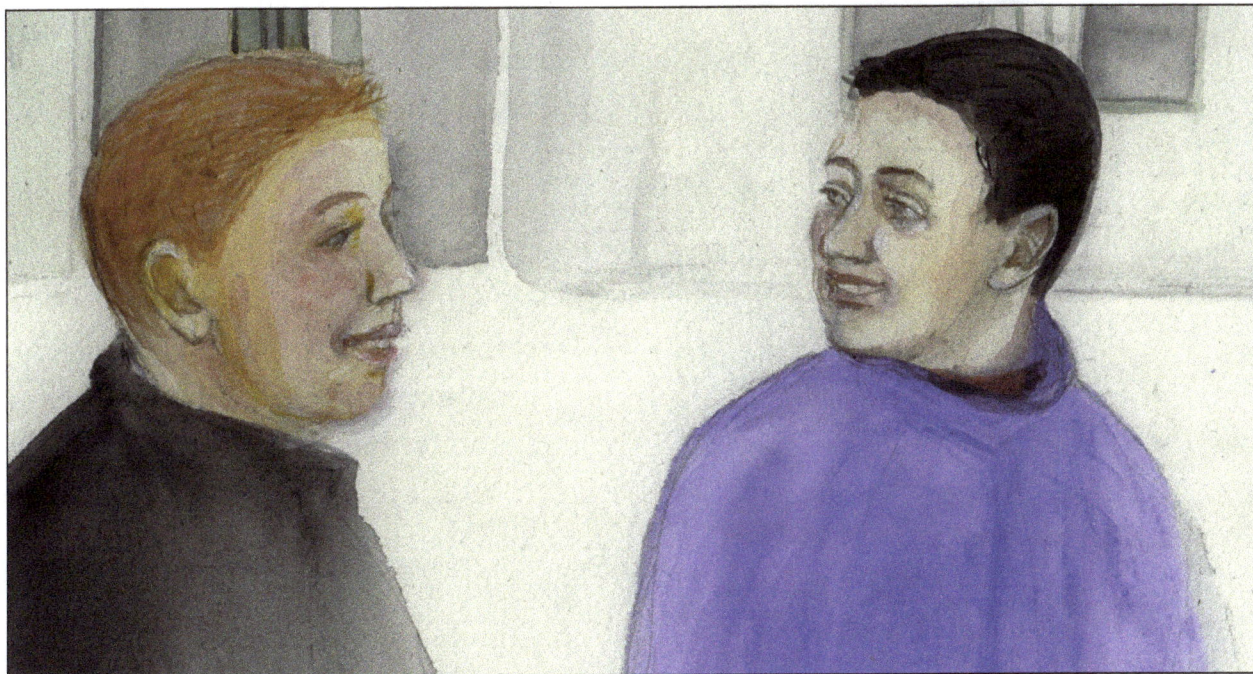

« Alors, tu dois te lever et lire devant un groupe de gens ? Le fais-tu en français ? »

« Oui, bien sûr, c'est en français. Pourquoi demandes-tu ça ? »

« Je me demandais. La lecture complète des écritures saintes fait aussi partie de la tradition sikhe, mais les écritures sont généralement lues en pendjabi et moi, je ne pourrais pas le lire. »

La cloche a sonné et les deux garçons sont rentrés dans l'école.

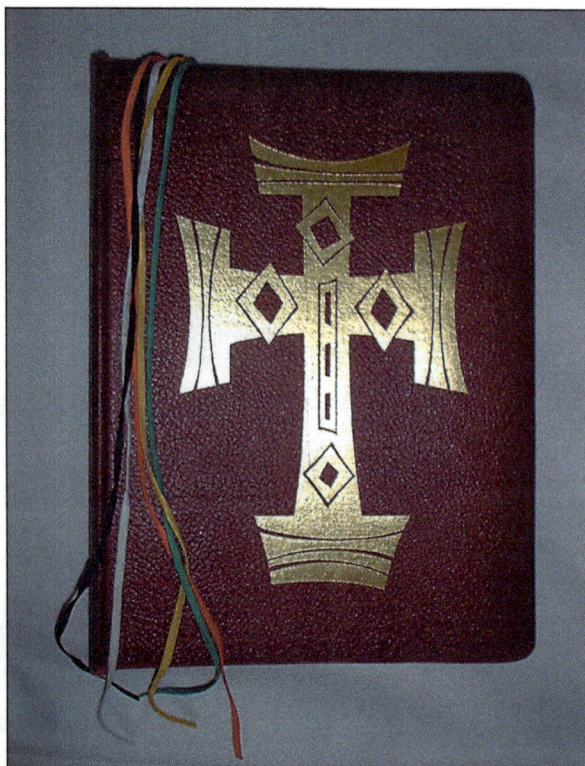

La Sainte Bible

À la sortie, Jean a dit au revoir à Kirpal et il est parti à la maison. En marchant, Jean a commencé à se poser des questions sur la Bible.

M. Aucoin travaillait à la maison ce jour-là. Quand Jean est rentré, son père a laissé l'ordinateur pour faire une pause pendant qu'il prenait un goûter.

« Papa, pourquoi la Bible est-elle si importante qu'on la lit du début à la fin à l'église ? » a-t-il demandé.

« La Bible est sacrée pour les chrétiens. Nous la lisons ensemble pour la faire entendre au plus de gens possible. Tu vois, la Bible est le guide principal de notre foi et de nos pratiques, a expliqué M. Aucoin. Toutes les différentes confessions chrétiennes de la ville se joignent pour cette lecture de la Bible. »

« Ça se fait chaque année, n'est-ce pas ? » a demandé Jean.

« Oui », a répondu son père.

« Cette année, elle a lieu à notre église. C'est aussi une grande chance pour les chrétiens de pouvoir apprendre à se connaître et de comprendre ce que nous avons en commun en tant que croyants. »

« L'autre jour, quelqu'un a lu la Bible dans une langue étrangère. Pourquoi ? »

« On encourage les gens à lire dans leur langue maternelle. Cette femme lisait la Bible en bulgare. Il y a des chrétiens du monde entier, ici à St. John's. Nous lisons la Bible en français car nous parlons français mais la Bible n'a pas été écrite en français. L'Ancien Testament a été écrit en hébreu et le Nouveau Testament a été écrit en grec. Aujourd'hui, presque tout le monde lit une traduction de la Bible. »

M. Aucoin a continué. « Savais-tu qu'il y a plusieurs traductions de la Bible ? La plus connue est la Bible de Jérusalem. Et il y a des versions plus anciennes.

« Le français qui était parlé à cette époque est un peu différent du français que nous parlons maintenant. Mais beaucoup de gens ont grandi avec cette version. Il vient de sortir une nouvelle traduction de la Bible qui s'appelle la Nouvelle Traduction. Nous l'avons achetée pour la famille car elle est écrite dans un français clair et moderne. »

« Je ne trouve toujours pas ce passage très facile », a dit Jean, en se souvenant qu'il devait lire à l'église ce soir.

« Veux-tu me le lire maintenant, pour te pratiquer ? » a suggéré son père.

Jean a pris la Bible et l'a ouverte à la page où il avait mis un petit papier. Il allait lire un passage de la première lettre de Paul aux Corinthiens.

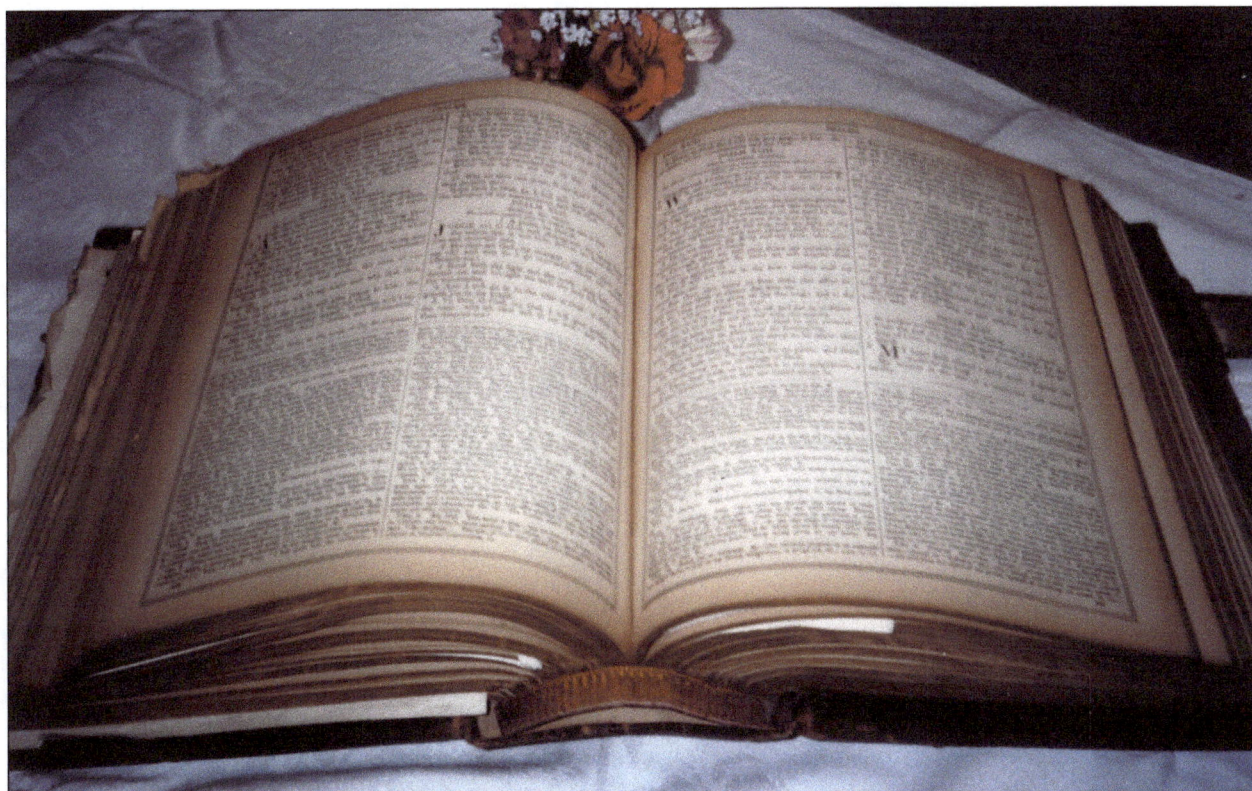

La Bible

« Tu lis un passage qui est très connu, a dit M. Aucoin. Paul nous enseigne un des messages clés du christianisme. C'est au sujet de l'amour. »

Voici une partie de la lecture de Jean :

Écriture sainte
Nouveau Testament

Supposons que je parle les langues des hommes et même celles des anges : si je n'ai pas d'amour, je ne suis rien de plus qu'un métal qui résonne ou qu'une cymbale bruyante. Je pourrais transmettre des messages reçus de Dieu, posséder toute le connaissance et comprendre tous les mystères, je pourrais avoir la foi capable de déplacer des montagnes, si je n'ai pas d'amour, je ne suis rien…

Qui aime est patient et bon, il n'est pas envieux, ne se vante pas et n'est pas prétentieux ; qui aime ne fait rien de honteux, n'est pas égoïste, ne s'irrite pas et n'éprouve pas de rancune ; qui aime ne se réjouit pas du mal, il se réjouit de la vérité. Qui aime supporte tout et garde en toute circonstance la foi, l'espérance et la patience.

L'amour est éternel. Les messages divins cesseront un jour, le don de parler en des langues inconnues prendra fin, la connaissance disparaîtra.

Lorsque j'étais enfant, je parlais, pensais et raisonnais comme un enfant ; mais une fois devenu adulte, j'ai abandonné tout ce qui est propre à l'enfant…

Maintenant, ces trois choses demeurent : la foi, l'espérance et l'amour ; mais la plus grande des trois est l'amour.

1 Corinthiens 13. 1-2, 4-8, 11, 13

« Bien, Jean. Et quand nous lisons ce passage, nous devrions nous souvenir que la vie serait bien meilleure si tout le monde le mettait en pratique.

« Qu'est-ce qu'il veut dire d'après toi ? » a demandé M. Aucoin.

« Il parle de l'importance de l'amour, a répondu Jean. Je crois qu'il nous dit surtout deux choses, tout d'abord que l'amour est le plus important au monde et que même si les choses changent, l'amour ne meurt jamais. » ❖

Discussion

❑ M. Aucoin explique que la Bible influence la façon de vivre des chrétiens. Relis l'écriture sainte de la page 178. D'après cette écriture sainte comment les chrétiens doivent-ils vivre ? Pour les chrétiens, que veut dire avoir la foi, l'espoir et l'amour dans leur vie ?

❑ Jean découvre que les chrétiens lisent la Bible pour exprimer leur foi. Qu'a-t-il appris d'autre au sujet de la Bible ?

Visitons des lieux de culte !

En bref — Les élèves de la classe de Mme Leblanc en apprennent plus sur le rôle des lieux de culte.

L'année scolaire tirait à sa fin. Mme Leblanc savait que ses élèves avaient appris beaucoup de choses sur les enseignements des religions chrétienne, hindoue, bouddhiste et sikhe. Maintenant, dans les quelques semaines qui restaient avant la fin des classes, elle voulait concentrer leur attention sur les lieux de culte.

« Aujourd'hui, nous allons regarder des lieux de culte. Concentrez-vous sur la manière dont ils reflètent les croyances de ceux qui y prient. Essayez de trouver des images ou de prendre des photos de ces lieux de culte. Ce serait bien si vous pouviez organiser une visite dans un lieu de culte que vous aimeriez voir. »

« On peut choisir n'importe quelle religion ? » a demandé Anne.

« Bien sûr, a répondu Mme Leblanc. Et vous pouvez choisir d'autres religions que celles que nous avons étudiées en classe. »

L'église anglicane St. Thomas, St. John's

Une semaine plus tard, Mme Leblanc a été ravie de voir que les élèves s'impliquaient vraiment dans ce projet. Elle leur a donné le temps d'organiser leurs présentations en classe.

Puis, elle a dit : « Regardons ce que vous avez. Peux-tu nous montrer, Jean ? »

Jean était heureux de ce qu'il avait à montrer à ses camarades. « Voici une photo de la basilique catholique romaine. C'est une église en pierre sur une colline qui donne sur le port de St. John's. La basilique est si haute que c'est une des premières choses que les marins voient quand ils entrent dans le port. J'ai découvert que cette église est vraiment très vieille. On a commencé sa construction en 1839 et on l'a enfin terminée en 1855. »

« Sais-tu pourquoi on dit que c'est une basilique ? » a demandé Mme Leblanc.

Jean a hésité. « Je crois que j'ai quelque chose à ce sujet-là, a-t-il dit en cherchant dans ses notes. Voilà. Une basilique est une église qui a quelque chose de spécial. Le nom veut dire une maison de roi. Je suis allé à la messe dans cette église. Le prêtre dit la messe derrière l'autel. Il regarde les gens. L'intérieur est organisé pour que tout le monde regarde l'autel. C'est pour que tout le monde voie ce qui se passe pendant la messe. »

La basilique de St. John the Baptist, St. John's

« C'est bien, Jean. Mais réfléchis encore un peu à la raison pour laquelle on l'appelle une basilique », a dit Mme Leblanc.

Jean a réfléchi un moment. « Je sais qu'on dit parfois que Jésus-Christ est le roi des rois. Si les gens qui vont à l'église croient qu'il y est présent, alors je comprends pourquoi on l'appelle la maison du roi. »

« Quelqu'un m'a dit que la basilique est construite en forme de croix », a dit Anne.

« C'est vrai, Anne, et beaucoup d'autres églises aussi, a répondu Mme Leblanc, ce qui rappelle aux gens de la crucifixion de Jésus. »

« Toutes les églises ne sont pas aussi vieilles que la basilique, a dit Kirpal. Je suis allé à une cérémonie dans l'église de mon ami pentecôtiste. Nous sommes sikhs, mais mes parents étaient d'accord. Ils veulent que je comprenne les autres religions. Cette église était toute neuve. C'est un bâtiment bas et rond. A l'intérieur, c'est très moderne. Il y a des sièges placés en cercle en direction de l'avant. C'est un peu comme un théâtre. Le ministre du culte se tient à l'avant pour délivrer son message. Sur le mur derrière lui, il y avait une grande croix et une colombe en bois au dessus. Mon ami a dit que la colombe représente le Saint-Esprit.

« Il y avait aussi un chœur derrière le ministre du culte et un petit groupe de musiciens. Quand ils chantaient, les paroles étaient projetées sur un grand

L'église pentecôtiste Bethesda, St. John's

La mosquée de St. John's

Le temple hindou de St. John's

écran derrière le chœur. Tout le monde participait. Ils avaient l'air d'aimer chanter. »

Roger avait un ami musulman qui l'avait invité à la mosquée.

« J'ai été très intéressé de voir que tout le monde enlève ses chaussures avant d'entrer dans la mosquée. Mon ami a dit qu'il le faisait pour se souvenir qu'ils étaient sur le point de prier. Et j'ai remarqué qu'ils avaient tous la tête couverte, les hommes avec des chapeaux, les femmes avec des foulards. »

Puis, il leur a montré des photos de l'intérieur de la mosquée. « Avez-vous remarqué qu'il n'y a pas de sièges ? Tout le monde s'assied sur le sol en direction de la sainte Ka' ba à La Mecque, la ville sainte de l'islam. »

Deepak a fait un reportage sur le temple hindou. Après avoir montré ses photos à la classe, il a dit : « Jean est venu assister à une cérémonie à notre temple, l'automne dernier. »

« Et de quoi te souviens-tu au sujet du temple, Jean ? » a demandé Mme Leblanc.

« Je me souviens de la superbe statue du Dieu Krishna qui joue de la flûte », a-t-il dit.

« Oui, c'est très important pour nous », a dit Deepak. Son image nous rappelle l'amour de Dieu et l'amour que nous éprouvons les uns pour les autres. »

« Merci, Deepak. Et toi Christelle, où es-tu allée ? »

« Anne et moi, nous sommes allées à l'Église Unie. Elle est construite en brique rouge et non pas en pierre comme celle que Jean a visitée. Elle est très vieille, mais pas aussi vieille que la basilique. L'église a été ouverte en 1896. L'architecte était britannique et il a utilisé les vieilles églises européennes comme idée de départ. L'intérieur est superbe. Il y a beaucoup de vitraux et beaucoup de bois verni. Même les poutres du plafond sont en bois. En plus des sièges en bas, il y en a en haut dans les galeries. Le chœur est très grand. Je crois que l'église attache beaucoup d'importance à la musique. »

« Tu as raison, Christelle. Dans beaucoup d'églises, la musique occupe une place importante dans le culte. Et toi Anne, qu'as-tu remarqué ? » a demandé Mme Leblanc.

« J'ai remarqué quelque chose d'intéressant sur la chaire où le ministre du culte prêche. C'est l'emblème de l'Église Unie du Canada. Et devinez quoi ? Cet emblème a la forme ovale d'un poisson. J'ai posé des questions. On nous a dit exactement la même chose que vous, que le poisson est comme un symbole utilisé pour identifier les premiers chrétiens. »

« Et on nous a aussi dit beaucoup d'autres choses sur l'emblème, a ajouté Christelle. Le X au centre est la première lettre du mot grec qui veut dire Christ alors c'est un symbole pour le Christ. Il y a aussi les symboles alpha et oméga, comme sur la bougie pascale. Ils symbolisent le Dieu éternel, le Dieu vivant. »

« Il y a vraiment beaucoup de symboles dans la religion, a fait remarquer Jean. Même les bâtiments eux-mêmes sont des symboles. »

« C'est vrai, a dit Mme Leblanc. Vous avez tous bien travaillé. Vous avez bien expliqué ces lieux de prières. Maintenant, j'aimerais que nous tirions une conclusion.

« Avez-vous remarqué que les lieux de prières que vous avez visités ont certaines choses en commun ? Par exemple, dans

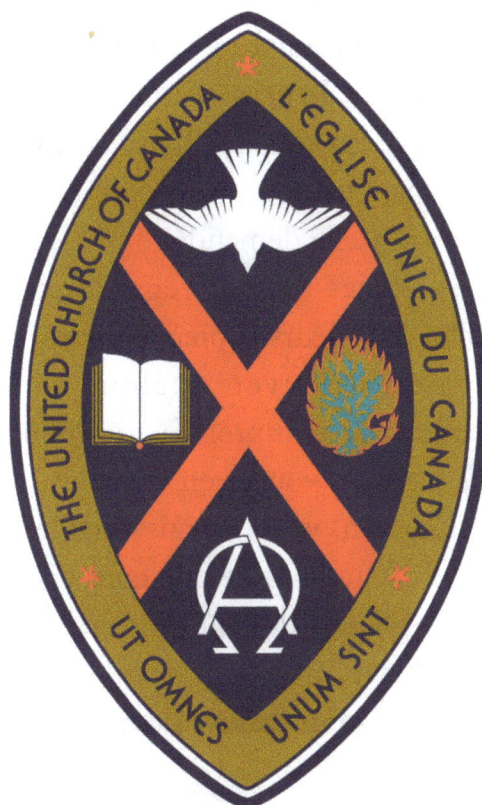

L'emblème de l'Église Unie du Canada

beaucoup d'entre eux, il y a un endroit où la personne qui parle peut être vue clairement par tous les autres gens dans l'assistance.

« Et puis, dans certains lieux de culte, il y a un endroit sacré ou un objet vers lequel tous les croyants peuvent regarder, a continué Mme Leblanc. J'ai remarqué que l'un d'entre vous a visité la synagogue où les juifs se rencontrent pour étudier et prier. Là, tout le monde regarde en direction de l'arche où sont conservés les rouleaux de la Tora. Dans certaines églises chrétiennes, les gens font face à l'autel où le prêtre conduit la célébration de l'eucharistie. Et l'un de vous a fait remarquer que tous les musulmans font face à La Mecque, la ville sainte de Mahomet. »

Mme Leblanc a regardé tout autour de la classe. « Je pense à une autre chose que partagent tous les lieux de prières. Est-ce que quelqu'un peut deviner ce que c'est ? » a-t-elle demandé.

Les élèves se sont regardés et ont cherché dans leurs papiers pour voir s'ils pouvaient trouver quelque chose. Personne ne comprenait vraiment où Mme Leblanc voulait en venir.

« Eh bien, voilà, je vais vous le dire, a-t-elle dit au bout de quelques instants. Dans la plupart des endroits, les gens se rassemblent pour fraterniser. Ils se rassemblent pour parler à des amis et pour établir des projets. Et puis, à cause de leur foi religieuse, la plupart d'entre eux font des choses pour aider les autres. Il y en a qui organisent des banques alimentaires, d'autres aident des sans-abri et d'autres visitent des malades. Vous voyez, les bâtiments que nous regardons servent à la prière mais les gens qui vont dans ces endroits sont impliqués dans beaucoup d'autres choses aussi. Les gens qui ont la foi trouvent beaucoup de façons de l'exprimer.

« J'espère que vous continuerez à regarder des lieux de culte dans vos voyages cet été, a continué Mme Leblanc. Comme nous l'avons vu, les lieux de culte sont très intéressants.

« Il est presque temps de se dire au revoir. Vous avez été une classe merveilleuse et ce que j'ai aimé le plus, c'est la manière dont vous avez partagé vos expériences et vos croyances avec moi et les autres. En partageant, nous avons appris beaucoup au sujet des différentes religions. Deepak et Kirpal nous ont parlé des croyances et pratiques dans les religions hindoue et sikhe. Et Anne nous a parlé du bouddhisme. Christelle et Jean nous ont expliqué le christianisme. J'espère qu'au long de votre chemin à travers l'école et la vie, vous continuerez ce partage et que vous apprécierez la foi religieuse de vos camarades de différentes religions. » ❖

Maranatha, 1995-1996, Dr Tom Rossiter

▶ Cette affiche montre beaucoup de symboles religieux. Peux-tu en identifier quelques-uns ?

Discussion

❑ Les élèves de la classe de Mme Leblanc ont étudié les lieux de culte là où ils habitent. Qu'ont-ils appris ? Qu'as-tu observé au sujet des lieux de culte dans ta communauté ? Quelles sont les ressemblances et les différences entre eux ?

Allons plus loin

❑ Les gens peuvent prier dans différents endroits : à la maison, au travail, en jouant ou en silence à un arrêt d'autobus. Quelles sont les différences entre ces endroits et les lieux de culte ? Pourquoi sont-ils importants pour les croyants de différentes religions ?

Retour en arrière

Beaucoup de personnages dans cette partie vivent des expériences qui donnent un nouveau sens à leur vie. Lis les phrases suivantes et essaie de trouver qui aurait pu les prononcer. Dis quel événement a provoqué un changement pour ceux qui parlent.

- « …une grande lumière qui venait du ciel brilla autour de moi. Je suis tombé à terre et j'ai entendu une voix qui me disait… »

- « C'est aussi une grande chance pour les chrétiens de pouvoir apprendre à se connaître et de comprendre ce que nous avons en commun en tant que croyants. »

- « Est-ce que Dieu accepte et pardonne à ces vandales qui sont entrés dans notre classe pour voler ? »

- « C'est comme si on avait grandi et qu'on entrait dans un nouveau stade de la vie. »

- « Je ne souhaite à personne de vivre la même chose que moi mais ces expériences m'ont transformé. »

Remerciements (illustrations)

Nous avons fait tout notre possible pour identifier et remercier les propriétaires du matériel réimprimé dans ce manuel. Afin de corriger toute erreur ou omission dans une prochaine édition, nous vous serions reconnaissants de bien vouloir nous les signaler.

page 8   Carola Kern

page 10   Musée des Beaux-Arts, Nantes, France/Bridgeman Art Library

page 12   Regenwurmfarm Tacke GmbH; www.regenwurm.de

page 12   Esther et Thomas Koller-Meier

page 15   Carola Kern

page 18   Laila Holtet—http://musicosandinos.org

page 19   Alpha Presse/Timepix

page 19   Alpha Presse/Timepix

page 19   Alpha Presse/Timepix

page 19   Alpha Presse/Timepix

page 20   Droit d'auteur © 2002 Gurumustuk Singh Khalsa – www.SikhPhotos.com

page 21   The Detroit News

page 21   World Religions Photo Library

page 25   www.siamese-dream.com

page 26   Trystan Choong

page 26   Droit d'auteur www.sacredsites.com

page 28   Pritam S. Cheema

page 29   Rebecca Rose

page 30   Smita Joshi

page 31   World Religions Photo Library

page 32   World Religions Photo Library

page 33   Mrs. Sobhana Venkatesan

page 33   www.siamese-dream.com

page 35   Sanjay Kumar Bose

page 35   International Society for Krishna Consciousness (ISKCON Toronto)

page 35   G.R.N. Somashekar/Business Line, India

page 36   Nadine Osmond

page 37   Smita Joshi

page 40   Jayanth Vincent

page 41   Mrs. Sobhana Venkatesan

page 42   Gerald Squires, Mary Queen of the World, Mount Pearl (No. 2) *Jesus carries his cross / Jésus porte sa croix*